NOTICE

SUR LA VIE

DE

M. L. HACHETTE

L. HACHETTE

NOTICE

SUR LA VIE

DE

M. L. HACHETTE

SUIVIE

DES DISCOURS PRONONCÉS A SES OBSÈQUES

ET DES ARTICLES NÉCROLOGIQUES

CONSACRÉS A SA MÉMOIRE

PARIS

IMPRIMERIE GÉNÉRALE DE CH. LAHURE

RUE DE FLEURUS, 9

M DCCC LXIV

Nous avons réuni, à la suite de cette Notice, les nombreux témoignages de sympathie qui ont été décernés au Chef regretté et au Fondateur de notre Maison. Toutes les opinions ont été unanimes pour reconnaître les éminentes qualités qui le distinguaient. Les journaux des couleurs les plus tranchées et les plus diverses ont paru oublier un moment leurs divergences et semblent s'être entendus pour louer sans réserve la modération, le désintéressement, l'infatigable activité de M. L. Hachette, les services immenses qu'il a rendus aux sciences et aux lettres, l'impulsion féconde qu'il a imprimée à l'enseignement, et surtout à l'enseignement primaire.

Ces témoignages spontanés de l'estime générale, venus de sources si éloignées et quelquefois si contraires, ne nous ont pas paru devoir rester ensevelis dans les feuilles qui les ont publiés. Nous avons tenu à honneur d'en conserver le souvenir, et d'en former un faisceau qui sera déposé sur la tombe de M. L. Hachette.

NOTICE BIOGRAPHIQUE

NOTICE BIOGRAPHIQUE.

HACHETTE (Louis-Christophe-François), fils de Jean Hachette et de dame Élisabeth Ledouble, était né à Réthel (Ardennes), le 5 mai 1800. Il est mort au château du Plessis-Piquet le 31 juillet 1864, par conséquent dans sa soixante-cinquième année.

Son père, qu'il perdit d'assez bonne heure, en 1837, était un homme instruit, doué d'excellentes manières et fort capable de faire son chemin dans le monde, si, à peine marié, des spéculations imprudentes ne lui avaient pas enlevé à lui, à sa femme et à ses enfants, jusqu'aux dernières ressources.

Madame Hachette, complétement ruinée, aurait pu trouver dans sa famille, qui était très-considérée à Réthel, les secours dont elle avait besoin. On les lui offrit ; mais elle les refusa bravement, ne voulant devoir qu'à elle-même le pain de ses enfants. Elle résolut de se diriger vers Paris où elle ne connaissait pour ainsi dire personne, mais où elle espérait que son activité, son incomparable énergie et son amour passionné du travail lui donneraient une position. C'était surtout dans l'intérêt de son fils aîné, enfant de sept ou huit ans, qu'elle cherchait une issue.

Elle rêvait pour lui une éducation complète et cette instruction virile que distribuaient les lycées de l'Empire. Son mari, malgré la distinction de son esprit, ne lui fut d'aucun secours dans une entreprise si difficile. Il avait même quelque peine à se suffire à lui-même. Mettant cependant à profit les connaissances fort étendues qu'il avait acquises en pharmacie, il obtint le grade de pharmacien en chef des armées impériales, assista aux dernières convulsions du premier Empire, revint en 1814 aussi pauvre qu'il était parti et s'estima trop heureux d'exercer un modeste emploi de pharmacien dans une des maisons hospitalières de Paris.

En attendant que se présentât une occasion propice, l'indigence frappait à la porte de madame Hachette. Ne voulant pas laisser son fils Louis perdre son temps, elle l'envoya à l'école chrétienne qui existait près de l'église Saint-Séverin et qui y existe encore aujourd'hui. C'est donc dans l'école primaire de la paroisse où l'on a célébré pour lui tout récemment de si somptueuses funérailles que Louis Hachette a commencé sa carrière. Il s'est toujours souvenu de l'excellent homme qui lui a donné des leçons d'instruction religieuse, d'écriture et de lecture et qui a été aussi notre premier maître.

Le moyen le plus efficace de faire admettre son fils dans un établissement d'instruction publique, où les dispositions naturelles de L. Hachette devaient trouver leur emploi, s'offrit enfin à sa mère. Comme elle était absolument hors d'état de payer le prix d'une pension dans un lycée de l'Empire, elle paya de sa personne et ne dédaigna pas d'accepter la modeste fonction de lingère en second au lycée Louis-le-Grand (alors Lycée Impérial). Elle trouvait dans cette humble position qu'elle honora toujours, non-seulement du pain pour elle et pour sa fille, mais encore la certitude que son fils aîné Louis et plus tard son fils cadet Édouard, qui devait lui être enlevé à vingt ans, seraient agréés comme élèves internes au lycée. La lingère en chef était une femme du meilleur monde qui ne tarda pas à apprécier le dévouement maternel de madame Hachette et l'intrépidité pour ainsi dire héroïque qu'elle apportait à l'accomplissement de tous ses devoirs.

Louis Hachette devint élève interne du Lycée Impérial vers l'année 1809, et n'oublia jamais à qui il devait le bienfait de l'éducation libérale qu'il y reçut et dont il a si bien profité. Sans avoir été alors ce qu'on appelle un brillant élève, il parcourut le cercle des études classiques avec une patience qui ne s'est pas démentie un moment. Sa raison, son jugement si droit, qui se sont manifestés de très-bonne heure, n'ont fait que grandir. Son séjour au collége a laissé dans cette intelligence d'élite une empreinte ineffaçable. C'est aussi là qu'il a formé ces amitiés durables qui l'ont accompagné dans toutes les épreuves de la vie, qui l'ont suivi jusqu'au tombeau et qui survivent même à la mort.

Admis à l'École normale en 1819, dans un rang distingué et d'autant plus honorable qu'il avait à lutter contre des concurrents redoutables parmi lesquels il suffit de nommer Georges Farcy, Louis Quicherat, Eugène Geruzez, Bascou, il sentit se développer en lui dans cette célèbre école toutes les qualités du futur professeur. Ses dispositions naturelles furent alors merveilleusement secondées par un travail prodigieux qui prenait sur ses nuits. Pendant l'été, il s'éveillait à quatre heures du matin et lut tous les tragiques grecs. Il apprit plusieurs langues vivantes, l'anglais notamment, qu'il parlait couramment. Aussi, avec Georges Farcy et Louis Quicherat, mérita-t-il la récompense décernée exceptionnellement aux élèves de l'École normale de troisième année les plus distingués, et qui consistait en une médaille d'or.

Mais l'orage s'amoncelait sur nous tous. Il éclata en 1822; une ordonnance contre-signée *Corbière* supprima la grande École normale de Paris et la remplaça par les écoles normales partielles des académies qui n'existaient que sur le papier, c'est-à-dire qu'elles ne la remplaçaient pas.

Quel était donc le motif de cette mesure si déraisonnable que le gouvernement de la Restauration n'y persista pas et qu'il rétablit en 1826 l'institution qu'il avait eu la prétention d'anéantir en 1822?

Nous étions, dit-on, atteints et convaincus de libéralisme; et comme preuve de ce péché irrémissible, on alléguait les acclamations qui avaient salué le nom de Camille Jordan à la distribution des prix du concours général et qui partaient un peu plus vives du petit groupe de normaliens de troisième année chargés, suivant l'usage, de représenter l'École à cette solennité universitaire. Acclamer le nom de Camille Jordan! Quel attentat! Il nous semble cependant que Camille Jordan a été *fructidorisé* comme royaliste; mais n'était-il pas du nombre de ceux qui, avec Royer-Collard, de Serre, Hyde de Neuville et Chateaubriand, tentèrent en vain de réconcilier la légitimité avec les conquêtes de 89? Dès lors il ne fallait pas, sous peine de mourir de faim, saluer le nom du fils de Camille Jordan qui réveillait des souvenirs importuns, quoique fort peu révolutionnaires.

Les proscrits de 1822 avaient été partagés en deux catégories; les uns étaient jetés sur le pavé de la capitale avec une misérable aumône; les autres, ce qui était peut-être plus cruel encore et plus dérisoire, n'obtenaient que des emplois infimes, contraires à leur goût, à leur aptitude et à leur vocation.

On daigna du moins à cette fâcheuse époque admettre au concours de l'agrégation des classes supérieures tous les élèves des lettres sortant de l'École normale. Mais aucun candidat de cette promotion *gangrenée* n'obtint le titre d'agrégé, quoique plusieurs d'entre eux dussent plus tard honorer grandement le corps enseignant par leurs services et par leurs travaux.

Louis Hachette, qui était sans doute de son temps, mais que la modération de ses opinions, la sagesse de ses vues et son incontestable capacité devaient protéger, fut placé dans la catégorie *des indignes*.

Le voilà donc privé de son état, après un noviciat de trois années qu'il avait accompli religieusement; mais le gouvernement de la Restauration ne s'arrêtait guère à d'aussi mesquines considérations. De qui s'agissait-il en effet? de pauvres jeunes gens obscurs et inconnus qui n'avaient d'autres droits qu'une promesse solennelle qu'on pouvait violer impunément.

Louis Hachette avait alors vingt-deux ans et se regardait avec raison comme le chef, le soutien et la providence de sa famille. Son premier soin fut d'arracher à sa position dépendante sa digne mère et de lui rendre un peu de cette liberté qu'elle n'avait aliénée que pour lui. Il l'installa chez elle et résolut de pourvoir largement à tous ses besoins. Comme il tenait de sa mère une prodigieuse capacité de travail et un courage à toute épreuve, il se mit à donner des leçons, tantôt isolées, tantôt collectives, recherchées avec empressement; car c'était un très-habile maître. M. Cuvillier-Fleury, son ancien condisciple du collége Louis-le-Grand, préfet des études de l'institution de Lanneau, l'attacha à cette célèbre maison en qualité de répétiteur de la classe de rhétorique. Mais ce n'était pas là une position qui eût de l'avenir. Le présent était assuré sans doute. Louis Hachette voulait mieux. Il se chargea d'une éducation particulière, puisque les portes de l'Université lui étaient fermées. Dès que cette éducation fut terminée, il chercha sa voie. Comme l'esprit d'entreprise le passionnait, il essaya d'abord, à l'aide de quelques fonds qui lui furent généreusement prêtés par un de ses oncles, d'acquérir un pensionnat ; mais il fallait être agréé par l'administration universitaire de l'époque et cet agrément lui fut refusé. Nous nous en félicitons pour lui et il a dû s'en féliciter souvent lui-même ; car, sans l'espèce de proscription qui l'a poursuivi pendant plusieurs années, il ne serait pas devenu le grand industriel que nous avons tous admiré.

Ses débuts dans cette carrière nouvelle ont été bien modestes. Lequel des vieux amis de Louis Hachette ne se souvient de la petite librairie située au rez-de-chaussée de la maison de la rue Pierre-Sarrazin, rue obscure et étroite en 1826 et qui ne ressemblait guère à ce qu'elle est aujourd'hui ? C'était un brevet de libraire qu'il avait acquis plutôt qu'une librairie, qui ne possédait d'ailleurs qu'un seul ouvrage de fonds, étalait dans ses rayons bien peu de livres d'assortiment, et dont la clientèle était plus que restreinte. Mais cette modeste librairie se croyait *classique*, et l'épithète avait séduit Louis Hachette. Du mot il résolut de faire une vérité. *Sic quoque docebo !* s'écria-t-il : il avait trouvé sa voie.

De la pensée à l'exécution il y avait un abîme ; mais à force d'énergie et de sage hardiesse, il le combla. C'est à l'Université qu'il s'adressa ; on lui en avait fermé les portes ; il y pénétra cependant et l'inonda de ses livres de classe, de ses éditions grecques, latines, françaises annotées, de ses dictionnaires, de ses grammaires, et accomplit bientôt une révolution véritable, grâce à son incomparable capacité de travail et à ce groupe de collaborateurs dignes de lui, qu'il savait si bien choisir.

Il avait besoin d'être secondé dans cette entreprise colossale et de créer un centre où les grandes traditions de notre enseignement national devaient se retrouver, où se retrouvaient également les proscrits de 1822. Louis Hachette associa donc à sa destinée une femme qui comprit admirablement les nécessités de sa position. Il épousa, en 1827, mademoiselle Barbédienne, sœur d'un de ses anciens condisciples du collége Louis-le-Grand. Le soir, elle tenait le salon de famille avec la plus rare distinction, et, dans la journée, elle travaillait comme le plus laborieux des commis, sans aucun souci de sa santé ou de ses grossesses, qui étaient fréquentes.

Cependant le gouvernement de la Restauration marchait à la catastrophe finale. Les ordonnances de juillet 1830 parurent; on sait comment la population de Paris leur répondit. La bataille s'engagea dans la rue. Louis Hachette ne fut pas des derniers à se ranger du côté de la liberté menacée, tout père de famille qu'il était. On le vit, le 27 juillet, un fusil à la main, parcourir plusieurs quartiers de la rive gauche, contribuer à la prise de la prison de l'Abbaye et soutenir, avec l'héroïque population qui l'entourait, une fusillade à outrance, dans les environs du pont d'Arcole, contre les troupes royales massées sur la place de Grève. Le lendemain 28, il participait encore à l'attaque de la caserne de Babylone où le jeune Vauneau fut tué à côté de lui. Nous ne sachions pas que Louis Hachette ait obtenu, comme tant d'autres, la décoration de Juillet. Il est vrai qu'il ne l'a pas demandée.

Rentré dans son magasin de librairie, aux prises avec les difficultés commerciales les plus graves, à une époque d'incertitude politique et de luttes acharnées qui tenaient tout le monde en suspens, il se roidit contre la situation, dédaigna de recourir aux prêts dont le gouvernement croyait devoir aider le commerce, quoique l'industrie qu'il exploitait souffrît plus qu'aucune autre, et, fort de son seul courage, du crédit qui dès lors s'attachait à son nom et de la confiance de quelques amis, il resta un des grands industriels de l'époque.

Sa famille s'était accrue. Sa sœur qu'il avait mariée et qui était restée veuve au bout d'un an de mariage, vint se réunir à son frère, se joignit à sa mère et à sa belle-sœur pour diriger la maison, élever les enfants, travailler dans les magasins. La présence de ces deux femmes dévouées était un coup de la Providence, car nous approchions de la terrible année 1832, qui répandit dans la capitale et sur tous les points de la France tant de ruines et de deuil. Le choléra emporta la jeune épouse de Louis Hachette, qui venait de lui donner un quatrième enfant, dont deux seulement survivaient, et qui ne put résister, malgré sa robuste constitution, aux suites d'un accouchement aggravé par le choléra. Quelles funérailles! La pauvre femme laissait une fille de deux ans et demi et un fils qui venait de naître.

Louis Hachette supporta son malheur avec d'autant plus de constance qu'il trouva dans sa mère et dans sa sœur des auxiliaires admirables de dévouement. Grâce à elles, l'enfant au berceau, qui n'avait plus de mère, échappa aux dangers d'une grave maladie. C'est aujourd'hui M. Alfred Hachette, marié et père de famille et l'un des associés de la célèbre librairie.

Dans un travail incessant et dans des prodiges d'activité, Louis Hachette puisa de nouvelles forces. Lorsque la loi du 28 juin 1833 fit son apparition, il était sous les armes, et, en ce qui dépendait de lui, il seconda merveilleusement le mouvement imprimé à l'instruction primaire. « En 1834, dit-il dans une des trop rares brochures qu'il a signées de son nom, l'instruction primaire n'existait pour ainsi dire pas en France.... Il n'y avait ni maisons d'école, ni maîtres, ni livres. Les maisons d'école ne sortent pas de terre au commandement; les écoles normales ne s'organisent pas en un jour. Les livres seuls peuvent se produire rapidement.» De concert avec MM. Firmin Didot et Pitois-Levrault, Louis Hachette livra au gouvernement, pour les préfectures et sous-préfectures qui les distribuaient gratuitement dans les écoles, des masses considérables de livres élémentaires. Déjà, en 1832, il avait, de concert avec les mêmes éditeurs, auxquels s'était joint M. Jules Renouard, fondé le *Manuel général de l'instruction primaire*, qui existe encore aujourd'hui et dont il est devenu le seul propriétaire. Ce Manuel avait, dans l'origine, un caractère officiel que Louis Hachette justifie parfaitement dans la brochure dont nous avons déjà cité un passage. « La publication du *Manuel général*, dit-il à la page 10, avait à son début une raison d'être dans la situation des comités locaux et des comités d'arrondissements qui, au moment de leur formation, avaient besoin de direction, et dans la nécessité de donner une forte impulsion à l'instruction primaire. » Il faut s'empresser de reconnaître que cette affaire du *Manuel général* officiel dont il n'était propriétaire que pour un quart, ne lui a laissé que les plus honorables souvenirs.

Elle a contribué sans doute à la diffusion de l'enseignement primaire; mais elle n'a pas enrichi les quatre éditeurs qui s'en étaient chargés, puisqu'au moment où le caractère officiel a été retiré au *Manuel général*, le bénéfice net de l'exploitation s'est réduit à la somme de huit cent quatre-vingt-neuf francs quatre-vingt-quatre centimes.

C'est que Louis Hachette n'aimait à marcher à la suite du gouvernement que pour lui être utile. Il ne lui demandait ni faveurs, ni bénéfices, ni rubans, ni priviléges. Partisan déclaré du droit commun, il s'adressait surtout au public, bravait toutes les concurrences et savait en triompher. La fortune est venue le trouver et c'était justice, mais il ne la doit qu'à lui-même et au libre suffrage de ses concitoyens.

Sa position commerciale et sa réputation étaient déjà grandes, lorsque, effrayé de la solitude de son veuvage et sentant la nécessité de donner à sa maison une direction vigilante, aux clients qui se groupaient toujours plus nombreux autour de lui un centre de relations agréables, il épousa en secondes noces, le 28 février 1836, madame veuve Auzat, jeune femme qui avait ses goûts et qui s'est montrée toujours fière de porter son nom.

Madame veuve Auzat, en devenant la femme de Louis Hachette, lui apportait, avec une honnête aisance, la grâce de son sexe et les vertus de la mère de famille. Elle avait eu de son premier mariage une fille qui n'avait alors que onze ans et demi. Louis Hachette, en épousant la mère, se regarda comme le père de sa fille; il l'adopta en quelque sorte, veilla à son éducation, se chargea de son avenir et ne la distingua jamais de ses autres enfants. Ce qui resserra encore les liens de cette double famille, ce fut la naissance d'un quatrième enfant, qui est aujourd'hui M. Georges Hachette, associé, comme son frère aîné Alfred, à la grande librairie.

Dès 1836, cette importante maison ne pouvait déjà plus se contenter d'un rez-de-chaussée; on la transporta au premier étage, et quelques années plus tard elle fut installée dans une construction élevée tout exprès. Elle grandissait tous les jours et ne tarda pas à étendre ses relations sur le monde entier. C'est ainsi que Louis Hachette parvint à fonder un établissement qui n'a pas de rival en Europe, et qui est peut-être la plus prodigieuse fabrication de livres qu'on ait jamais vue. Qu'on mesure maintenant le chemin parcouru; que l'on compare le point de départ au point d'arrivée, et l'on restera saisi d'étonnement.

Mais le chef de cette maison colossale ne s'épargnait guère; il donnait à tous l'exemple de l'activité et du travail. Son cerveau infatigable inventait sans cesse de nouvelles combinaisons. Il était difficile que la plus vigoureuse organisation résistât à une pareille contention d'esprit. Aussi Louis Hachette tomba-t-il gravement malade d'une pleurésie qui mit sa vie en danger.

Il avait appelé près de lui, en qualité de commis, le neveu du vénérable vieillard dont il avait, dans sa jeunesse, élevé le fils et qui l'avait généreusement aidé à son début commercial. C'était encore une dette de reconnaissance qu'il payait. Averti par la maladie que les forces humaines ont des bornes et convaincu après une expérience de deux années que ce jeune homme pourrait l'aider à porter le fardeau des affaires, il se l'associa et lui donna plus tard en mariage, au mois d'avril 1844, sa belle-fille adoptive Zélime Auzat. Ce jeune homme, le premier associé de la maison Hachette, est M. Louis Bréton.

Une nouvelle révolution est imminente; 1848 éclate comme la foudre et fait monter à la surface de la société le communisme avec son affreux cortége. Les masses étaient égarées, entraînées, fascinées. L'ordre allait sombrer, si les bons citoyens ne serraient leurs rangs et n'accouraient tous à la défense de la société menacée. Louis Hachette, qui ne haïssait pas l'odeur de la poudre, risqua bravement sa vie, comme il l'avait fait en 1830 pour une autre cause non moins sacrée. Ce fut à la tête du pont Saint-Michel que le combat s'engagea entre quelques gardes nationaux, parmi lesquels se trouvait Louis Hachette, et un groupe d'insurgés. Une balle, partie d'une barricade, vint frapper en pleine poitrine à côté de notre ami M. Masson, avoué, l'un des citoyens les plus recommandables du XIe arrondissement. Il était écrit sans doute dans les décrets de la Providence que Louis Hachette échapperait à tous les dangers de la guerre civile et qu'il mourrait dans son lit.

Mais, s'il ripostait aux coups de fusil par des coups de fusil, il éprouvait une profonde sympathie pour les souffrances des pauvres et pour des ouvriers égarés. Au plus fort de la crise, quand il ne savait pas lui-même s'il aurait un lendemain, lorsque l'industrie était aux abois, et principalement l'industrie de l'imprimerie et de la librairie, il n'hésita pas à créer du travail et à fournir pendant plusieurs mois les matériaux qui devaient alimenter quatre presses, dont les produits étaient cependant invendables. Cette heureuse témérité reçut sa récompense. On vit enfin renaître l'ordre et avec l'ordre un peu de sécurité.

Louis Hachette n'était pas homme à laisser passer cette bonne chance. Sa maison reçut à l'instant même une impulsion plus vive grâce à un second associé qu'il se donna. Il venait de marier sa fille Louise à M. Émile Templier. Ce nouveau membre de la famille exploita habilement une veine très-féconde, celle de la littérature étrangère ou contemporaine, et des ouvrages illustrés. Dès lors la maison Hachette prit des développements inimaginables. Ce n'était pas assez de trois associés pour un tel mouvement d'affaires. Alfred Hachette, qui s'était marié au mois de janvier 1861, devint le quatrième, et au mois d'avril 1863, Georges Hachette le cinquième. Louis Hachette resta toujours le chef respecté de la librairie dont il avait été le fondateur. Il voyait avec le calme du philosophe la prospérité dont il n'a jamais cessé d'être le principal point d'appui, et dont les traditions qu'il laisse après lui assurent l'avenir. C'est à sa rare expérience, à son tact exquis, à son jugement presque infaillible qu'on avait recours dans les circonstances difficiles. L'homme de goût, le *scholar*, comme l'appelle avec tant de raison M. Cuvillier-Fleury, dominait l'industriel; car il aimait, il honorait la haute littérature, la science pure et l'érudition, qu'il a vulgarisées autant qu'il a été en lui, ainsi que le témoignent les belles publications qu'il a commencées et que ses successeurs achèveront, nous n'en doutons pas.

Il a acquis sans doute une fortune considérable,

dont il a toujours fait le plus noble usage ; mais il ne l'a acquise qu'au grand jour et par les moyens que la conscience avoue. S'il est mort riche après avoir connu, au début de la vie, les angoisses de la pauvreté, que d'industries n'a-t-il pas alimentées ! que de bien-être n'a-t-il pas semé autour de lui ! Écrivains qu'il a mis en lumière ; penseurs, savants, érudits dont il a publié les œuvres ; imprimeurs, lithographes, relieurs, cartonneurs, brocheurs, doreurs, dessinateurs, graveurs, fabricants de papier, commis plus nombreux que ceux de certains ministères, que d'individus lui doivent leur pain quotidien, leur aisance et leur renommée ! Aussi de tous les points de l'Europe et même du monde où son nom avait pénétré sont arrivés et arrivent chaque jour les témoignages de regret qu'inspire une telle perte.

Et on ne le connaît généralement que par sa vie publique. Quant à ceux à qui il a été donné de le voir dans la vie privée, sa perte est bien autrement amère. Quelle sensibilité, quelle constance dans ses affections ! quelle dignité au sein de sa famille ! C'était un patriarche qui n'exigeait jamais rien et qui obtenait tout.

Les distinctions lui sont arrivées, la croix de la Légion d'honneur notamment qu'il a reçue tardivement et dont il pouvait être fier, parce qu'il ne la devait qu'aux services gratuits et désintéressés qu'il savait encore rendre aux administrations charitables, malgré le tracas de ses propres affaires. De toutes les distinctions, il tenait surtout à celles qui lui imposaient des devoirs envers ses semblables ou ses égaux, et qui ne lui rapportaient que des satisfactions de conscience. C'est cette considération qui l'a déterminé à accepter une place dans le Conseil de l'assistance publique, où il a été le rapporteur du budget et où il a proposé et fait adopter des améliorations dont on se souvient encore. C'est pour le même motif qu'il a contribué à l'organisation du Comptoir d'escompte, qu'il a consenti à faire partie de la société des Amis des sciences et même à être maire de sa commune du Plessis-Piquet. Une autre nomination purement gratuite a dû flatter extrêmement cette excellente nature, c'est celle de président du Cercle de l'imprimerie et de la librairie, parce qu'elle lui était décernée par ses pairs, digne couronnement d'une carrière d'honneur.

Pendant sa dernière maladie, la fonction de président de l'Association de secours mutuels du quartier de l'Odéon lui a été déférée. La Providence n'a pas permis qu'il l'exerçât; cette nomination n'en a pas moins été comme le témoignage authentique d'une vie tout entière dévouée à l'amélioration du sort des ouvriers.

Une grande douleur attendait L. Hachette. Le 8 janvier 1862, il perdit sa mère, qui habitait sa maison, qu'il voyait tous les jours et qui ne se lassait pas de jouir de la prospérité de son fils bien-aimé, de la considération dont il était environné. Comme elle était fière de son cortége d'enfants, de petits-enfants et d'arrière-petits-enfants! La vie lui était devenue douce et elle a dû la quitter avec peine. L. Hachette a reçu son dernier regard et sa dernière bénédiction, et malgré tout son courage, il n'a jamais pu triompher de ses regrets.

Il a essayé de se distraire de son chagrin en entreprenant un voyage à Pau pour y voir son fils, et plus récemment encore en Algérie.

Il était à peine revenu dans sa famille qu'une lourdeur inaccoutumée l'envahit. Il n'y fit aucune attention, et ceux qui vivaient avec lui ont pu se nourrir d'illusions, car le temps semblait l'avoir respecté et il portait sur son visage comme la trace d'une éternelle jeunesse. Cependant le mal terrible qui devait l'emporter marchait sourdement, mais marchait toujours. Il éclata enfin. A la première atteinte visible de cet ennemi invisible, nous avons presque tous prévu que Louis Hachette était perdu. Les quelques fidèles amis qui ont pu pénétrer jusqu'à lui, ont trouvé cette rare intelligence considérablement affaiblie. Mais le cœur n'a jamais été frappé jusqu'au moment fatal où il a cessé de battre. Aussi L. Hachette ne s'est-il jamais montré plus sensible aux témoignages d'affection qui l'entouraient. Sa sœur était là, lui prodiguant les trésors de son dévouement et croyant n'en faire jamais assez. Malheureusement la science la plus habile, la tendresse conjugale la plus ardente, la piété filiale la plus ingénieuse, ne pouvaient rien contre une désorganisation physique. Le 31 juillet 1864, à six heures du soir, Louis Hachette rendit son âme à Dieu, sans avoir senti les approches de la mort. Il avait précédemment reçu les secours de la Religion. Il a succombé à une affection cérébrale, parce qu'il avait peut-être usé jusqu'à l'excès des facultés éminentes dont le ciel l'avait doué et dont le cerveau est l'instrument.

Quelques esprits chagrins trouveront peut-être étrange que nous ayons consacré de longues pages à l'histoire d'un simple industriel, qui n'a ni livré ni gagné de batailles rangées, qui n'a été ni député, ni sénateur, ni conseiller d'État, ni ministre, qui n'a joué aucun rôle ni dans la diplomatie, ni dans la politique. Nous n'avons raconté, nous l'avouons, que des événements qui appartiennent à la vie commune; nous nous sommes laissé aller à des détails intimes qui étaient pour nous d'un très-vif intérêt, mais où nous avons cru voir aussi un élément moral qui n'est pas à dédaigner et qui a une certaine portée. Il n'est pas indifférent, quoi qu'on en dise, de montrer qu'avec de la persévérance, de l'énergie et de la probité, on peut arriver de très-bas à un point très-élevé, et que la considération, même dans ce monde, est quelquefois le prix du vrai mérite et de la vertu.

A. Lesieur.

EXTRAITS DES JOURNAUX

M. L. HACHETTE.

EXTRAITS DES JOURNAUX.

Extrait de la *REVUE DE L'INSTRUCTION PUBLIQUE.*

4 août.)

Nous écrivons sous le coup d'une douleur qui, malheureusement trop prévue depuis quelques jours, n'en est pas moins profonde ni moins cruelle. Notre digne et excellent directeur, M. Hachette, est mort le 31 juillet, au château du Plessis-Piquet, à l'âge de soixante-quatre ans.

Il est tombé sur la brèche où l'on a vu succomber, depuis quelques années, tant de glorieuses victimes de la pensée et du travail. La dévorante activité de son esprit a fini par triompher de cette constitution robuste, infatigable et quasi juvénile, qui semblait défier les veilles et les années.

Mardi, 2 août, la cérémonie funèbre a été célébrée, à Paris, à l'église Saint-Séverin, trop petite pour contenir la foule immense qui était venue donner à cette chère mémoire un dernier témoignage d'affection et de sympathie. M. le curé de Saint-Séverin officiait, assisté de M. le curé du Plessis-Piquet, qui n'avait point voulu se séparer de celui dont il avait consolé les derniers moments. Le deuil était conduit par l'un des fils du défunt, M. Georges Hachette, et par ses gendres, MM. Émile Templier et Louis Bréton, auprès desquels on regrettait de ne point voir son fils aîné, M. Alfred Hachette, éloigné par des raisons de santé, qui heureusement ne paraissent plus devoir le retenir longtemps séparé de sa famille. Dans la foule qui se pressait autour du cercueil, nous avons remarqué Leurs Excellences le maréchal Vaillant, Ministre de la maison de l'Empereur et des beaux-arts, et M. Duruy, Ministre de l'instruction publique; M. Dutrey, inspecteur général de l'enseignement supérieur; MM. Bouillet et Danton, inspecteurs généraux de l'enseignement secondaire; M. Sonnet, inspecteur de l'Académie de Paris, et un très-grand nombre de professeurs et de membres de l'Université; MM. Alexandre, Delafosse, Franck, le général Morin, Paulin Paris, Louis Quicherat, Jules Simon, Viennet, membres de l'Institut; Garnier-Pagès, Latour-Dumoulin, députés au Corps législatif; Barbet,

Bétolaud, Binet, Delorme, Forneron, Geruzez, Lesieur, Pontier, Sainte-Preuve, anciens camarades de M. Hachette; Barbet-Massin, ancien chef d'institution; le comte P. de Castellane; le baron David; Camille Doucet; Anatole Duruy, secrétaire particulier du Ministre; P. Faugère; Charles de Franqueville; Glachant, chef du cabinet du Ministre de l'instruction publique; Emmanuel Gonzalès, président de la Société des gens de lettres; Guérard, préfet des études à Sainte-Barbe; Jullien, proviseur du lycée Louis-le-Grand; Lépine, chef du cabinet de M. le duc de Morny; Paravey, ancien conseiller d'État; le vicomte Sérurier; MM. Baillière, Bossange, Chamerot, Delalain, Didier, Didot, Paul Dupont, Michel Lévy, Masson, Pagnerre, Plon, Tardieu, éditeurs; Lahure, Simon-Raçon, Thunot, imprimeurs, et en un mot la plupart des membres du Cercle de la librairie et de l'imprimerie; les docteurs Chenu et Hardy, Cochin, Meissas; des savants et des hommes de lettres, MM. Baudry, Cuvillier-Fleury, Élie Berthet, D'Eichthal, Despois, Du Pays, Louis Figuier, Victor Fournel, Arsène Houssaye, Joanne, B. Jullien, A. de Lavergne, Xavier Marmier, Jules Quicherat, Élisée Reclus, Sommer, Louis Ulbach, Vapereau, Vivien de Saint-Martin, J. J. Weiss, Francis Wey; des artistes, MM. de Bar, Bertall, Bida, Catenacci, Gustave Doré, Lancelot; Charrière, fabricant d'instruments de chirurgie; le personnel complet de la maison de librairie qu'il dirigeait, et les chefs et ouvriers des nombreux ateliers qui relèvent de l'industrie du livre, etc., etc. Nous omettons certainement bien des noms, car il nous a été impossible de voir la plus grande partie des invités qui remplissaient l'église, ou même, faute de place, stationnaient dans les rues adjacentes.

A une heure et demie, le cortége s'est mis en marche pour le cimetière Montparnasse, où la dépouille mortelle du défunt devait être déposée dans un caveau de famille. Plusieurs discours ont été prononcés sur la tombe : le premier par M. Lesieur, inspecteur général honoraire de l'enseignement supérieur, l'un des plus anciens et des plus fidèles amis de M. Hachette. L'orateur, qui avait peine à dominer sa douloureuse émotion, s'est exprimé en ces termes :

« Il y a cinquante ans, j'ai vu arriver à Paris une femme jeune encore, tenant par la main ses trois enfants (ils étaient trois alors), ses enfants qui étaient la seule richesse de cette autre Cornélie. Mais elle avait foi dans l'avenir et dans les rares aptitudes de l'aîné de sa race. Pour lui assurer le bienfait d'une éducation virile et complète, elle a tout sacrifié, jusqu'à sa liberté. Elle n'a pas été déçue dans ses calculs. Le gland est devenu chêne et a couvert de ses puissants rameaux toute une dynastie à la tête de laquelle a marché constamment d'un pas ferme jusqu'à la plus extrême vieillesse cette mère énergique et dévouée qui devait être fière de son œuvre.

« Elle n'a pas éprouvé du moins le désespoir de survivre au fils bien-aimé qui avait comblé, qui avait dépassé toutes ses espérances. Il lui a fermé les yeux, après l'avoir entourée des soins les plus tendres et les plus respectueux. Sa douleur d'une telle perte, quoiqu'il eût cherché à la dominer, a été poignante, et cependant il se prenait à éprouver quelquefois presque des remords. Dans la dernière maladie qui nous l'a enlevé, on l'a vu verser des larmes. « Pourquoi pleurer? lui disait-on. — *J'ai « peur*, a-t-il répondu, *de n'avoir pas été assez bon pour ma « mère!* » Scrupule héroïque, que j'admire sans le comprendre. N'a-t-il pas été un modèle de piété filiale? Il sait, du reste, à quoi s'en tenir aujourd'hui. J'aime à me figurer cette excellente mère attendant son fils chéri au seuil de la vie éternelle pour le conduire aux pieds du grand Rémunérateur qui pèse dans ses terribles balances toutes nos actions.

« Elles n'ont pas été trouvées trop légères, si j'en crois mes impressions et celles de l'immense assistance qui m'écoute. Celui dont la froide dépouille repose dans ce cercueil a laissé la trace de son passage sur la terre. Quelle raison précoce dans le modeste écolier du collége Louis-le-Grand ! Quels rêves d'avenir nous faisions ensemble, non pas pour moi, mais pour lui, qui me paraissait prédestiné ! Quel développement inattendu dans l'élève de l'École normale! Quelle fermeté de principes et en même temps quelle sage tolérance ! Quelle rectitude de jugement! Quel coup d'œil sûr et pénétrant ! On a voulu lui enlever son état, le fruit de quinze ans de travaux, le droit de servir l'Université qui l'avait nourri et qu'il aimait avec passion, mais il a trouvé en lui-même l'énergie et les ressources qui en ont toujours fait un homme à part. Nous l'avons vu grandir peu à peu, tenant haut et ferme le drapeau universitaire, qui n'a jamais cessé d'être le sien. Dans la situation la plus enviée, c'était la même simplicité de mœurs, le même accueil sympathique pour ses vieux amis, le même esprit de famille. Il ne devenait riche que pour donner; sa fortune ressemblait à ces fontaines qu'on n'élève que pour les répandre; car c'était la libéralité, la charité personnifiées. Loin de moi la prétention de révéler ici le secret de ses bonnes œuvres, j'offenserais sa mémoire, car il était de ceux qui veulent que leur main gauche ignore à cet égard ce que fait leur main droite.

« S'il possédait au plus haut point le courage civil, l'autre ne lui manquait pas davantage. La liberté était-elle en péril, l'ordre courait-il quelque danger, il arrivait simplement, silencieusement, et risquait sa vie, sa vie, si précieuse cependant. Il a échappé à la mort violente des héros, grâce au ciel. Mais que de nobles victimes sont tombées à côté de lui et autour de lui en 1830 et en 1848 !

« Jamais existence n'a été plus utile et mieux remplie, et néanmoins elle vient d'être tranchée dans son épanouissement, quand elle promettait encore de si beaux fruits ! Vous, jeunes gens, qui êtes les héritiers ou les continuateurs du nom vénéré de notre ami, vous regarderez, je n'en doute pas, comme la plus belle partie de votre héritage son honorabilité commerciale et sa courageuse indépendance. Que son souvenir habite toujours parmi vous ! qu'il vous dirige et vous protége ! Entourez, consolez celle qui a été la compagne de sa vie et qui perd tout en le perdant. Conservez aussi une petite part dans vos affections à ses vieux condisciples, dont le nombre, hélas ! diminue tous les jours et qui ne tarderont pas à le suivre.

« Heureusement pour lui comme pour nous que, malgré quelques protestations isolées, le spiritualisme chrétien est le drapeau de la famille normalienne ; c'est notre consolation et notre espérance. Nous affirmons que les railleries et les mensonges du matérialisme viennent expirer sur la pierre des tombeaux. Non, on n'arrachera jamais de mon cœur la pensée que nous retrouverons ceux que nous avons aimés, que nous les verrons sans obstacle, sans l'intermédiaire de la matière qui voile et obscurcit trop souvent le principe immatériel. Répétons bien haut cette vérité, que la séparation n'est que temporaire. Elle n'en est pas moins déchirante. Adieu, mon ami ! adieu mon frère ! ou plutôt au revoir ! »

Un autre ami de M. Hachette, M. L. Quicherat, a pris ensuite la parole, et, comme M. Lesieur, il a profondément ému l'auditoire par le tableau simple et vrai de cette vie qu'il suffit de raconter pour la louer.

« L'étonnement de la foule réunie autour de ce cercueil est égal à sa douleur. Nul homme, par la vigueur de son corps et l'énergie de son esprit, ne semblait plus destiné à parcourir une longue carrière ; Louis Hachette frappait tout le monde, non-seulement par l'entière conservation de ses belles facultés, mais par le don exceptionnel d'une jeunesse prolongée. Tout cela a disparu en quelques jours ! La consternation générale que cette perte a causée est l'hommage le plus honorable rendu à cette noble vie.

« Il n'est personne dont on puisse le dire avec plus de raison : Hachette a été fils de ses œuvres. Repoussé de l'enseignement public par la violation d'un contrat, persécuté encore par le refus d'autorisation pour acquérir un pensionnat, il acheta un fonds de libraire, et il dit alors d'une manière triomphante : *Sic quoque docebo*, j'ai trouvé une autre façon d'enseigner.

« Je l'ai vue, cette modeste librairie de Brédif, dont Hachette fit l'acquisition en 1826 : une simple chambre entourée de rayons presque entièrement vides ; un seul ouvrage de fonds, *les Catilinaires* traduites par Burnouf, et quelques volumes d'assortiment. Tout était à créer. Hachette se trouvait heureux : il se révéla en lui de rares qualités que la carrière de l'enseignement aurait laissées sommeiller, aurait étouffées peut-être. Il mit aussitôt nombre de travailleurs à l'œuvre. Après quelques années, il était en mesure de satisfaire aux principaux besoins de l'instruction publique.

« La loi de 1833 sur l'instruction primaire donna un nouvel élan à cet esprit inventif. Livres, matériel des écoles, direction, tout manquait. Hachette pourvut à toutes les nécessités. L'administration universitaire reconnut qu'elle ne pouvait trouver d'auxiliaire plus utile; elle encouragea ses efforts, et les livres populaires, sortant comme par enchantement de toutes les imprimeries, donnèrent à la librairie Hachette une importance incontestée. Cette importance n'a fait que croître depuis trente années.

« Hachette n'avait pas les mobiles qui font agir la plupart des hommes, le désir de la fortune ou des honneurs. L'exercice constant de ses remarquables facultés lui avait apporté la richesse ; mais ce qu'on ne saurait croire, à moins de l'avoir connu dans l'intimité, c'est que la richesse ne lui était pas nécessaire. Le ciel lui avait donné une digne mère, qui l'éleva avec une admirable énergie ; elle lui enseigna le travail et la modération dans les désirs, et jamais il n'oublia ces leçons. Il aimait la richesse pour le bonheur des siens et comme un ornement indispensable de sa grande position ; mais, suivant le précepte du sage, il la possédait sans en être possédé. Il était content lorsque, loin de Paris, il retrouvait à la campagne la vie simple de ses jeunes ans. Quant aux dignités, elles ne le tentèrent jamais ; s'il avait eu de l'ambition, il trouva bien des fois l'occasion de la satisfaire. Mais l'ambition est la plus grande ennemie du travail.

« Ainsi le principe de cette étonnante activité, le foyer de cette ardeur que l'âge ne refroidissait pas, était exclusivement l'amour ou plutôt la passion du travail. Il allait jusqu'à regretter le temps qu'il fallait donner au sommeil ; il voyait dans cette impérieuse nécessité une infirmité de l'homme, une servitude humiliante. Cette passion du travail, funeste comme toutes les passions, a usé et fini par détruire ses belles facultés. Cependant il parlait de repos ; il avait fixé le moment de la retraite à l'année 1866, afin d'avoir accompli quarante années d'occupation non interrompue. Mais il ne lui fut pas permis d'atteindre un but trop éloigné.

« Qui peut dire ce qu'une pareille vie verse de biens dans le trésor de l'humanité? Notre siècle l'a proclamé pour la première fois : donner du travail à ses semblables, c'est la seule manière noble et morale de leur venir en aide. L'imagination est confondue quand on cherche à se rendre compte des professions, des industries, des innombrables collaborateurs auxquels cette pensée vaste et féconde a fourni pendant près de quarante ans les moyens d'exister! Tout ce monde, je l'avoue, a tiré un juste profit de son activité; mais si le bras qui donne le mouvement à cette grande machine se retire, et que l'impulsion ne soit pas continuée par des successeurs, que d'existences compromises! Que de souffrances, au moins temporaires! A ceux qui ne verraient dans cette somme de productions que des efforts individuels, je rappellerais la fable des Membres et l'Estomac.

« Et ce n'est pas seulement au service de ses propres affaires que Hachette mettait les ressources de sa haute intelligence. Sans parler de sa présence dans des commissions qui étudiaient des questions d'utilité publique, mais des questions dans lesquelles son commerce était en même temps intéressé, nous le voyons se prodiguer pour le bien de la communauté sociale, donner son temps à la Caisse d'épargne, à la Caisse de secours mutuels, à la Caisse conçue par Thénard en faveur des mathématiciens malheureux, siéger à la Chambre de commerce, dans le Conseil de l'assistance publique, où il a marqué son passage. C'est que Hachette était un homme de progrès en même temps qu'un homme de cœur.

« J'indique les côtés saillants de sa vie, et ne puis m'arrêter à toutes ces qualités solides ou aimables qui attachaient à lui, qui faisaient le charme de son commerce : la rectitude du jugement, la droiture, la loyauté, l'affabilité, un caractère singulièrement conciliant, un esprit fin, sans disposition à la causticité. Beaucoup de ces qualités se résument en une seule, qui est la bonté.

« Quel vide la perte de cet homme précieux laisse après lui! Quel vide dans sa famille, dont il était le chef et comme le patriarche, le conseil, la lumière, l'oracle, le génie bienfaisant! Elle est déchirante, mais bien légitime, la douleur de cette tendre épouse, si heureuse de son affection, si fière de la considération dont il était entouré ; la douleur de ces enfants, de ces gendres qui avaient une place égale dans son cœur, et pour qui il agrandissait sa maison à mesure que leur jeune famille devenait plus nombreuse! Quel vide pour ses anciens camarades, dont il était le centre et le lien! L'École normale proscrite s'est retrouvée dans son cabinet, dans son salon. Nul plus que lui n'a contribué à entretenir cette douce fraternité; nul plus que lui n'a eu le bonheur de venir en aide à ceux pour qui le chemin de la vie était âpre. Quel vide pour tous ceux que, dans des rangs bien différents, il a obligés, toujours avec une délicatesse qui relevait le bienfait!

« Adieu, cher et excellent ami! Nous avons puisé l'instruction à la même source; nous avons commencé en même temps la vie active; j'ai mis dans ton modeste magasin un des premiers livres que tu as publiés. J'espérais qu'après une longue journée de labeur, nous pourrions pendant une heure jouir ensemble d'un crépuscule serein. Hélas! c'est toi qui me quittes, toi à qui la nature semblait faire de si belles promesses, toi de qui j'attendais ce suprême devoir que je viens ici te rendre! Adieu donc, puisque Dieu l'a voulu! Notre séparation ne sera pas de longue durée. La mort commence pour celui qui perd un vieil ami! »

Un troisième discours a terminé la cérémonie ; il a été prononcé par M. Mauroy, prote général de l'imprimerie Lahure, au nom de ces nombreux ouvriers typographes qui s'étaient fait un devoir d'assister aux obsèques d'un homme dans lequel ils honoraient autant l'artisan de sa propre fortune que le grand industriel bienfaisant et libéral. Voici les paroles de M. Mauroy :

« Au nom des ouvriers de la grande famille typographique, au nom de tous ceux qui concourent à la fabrication du livre, je viens déposer l'expression de nos hommages et de nos regrets sur la tombe de celui qui fut le plus grand propagateur de livres de notre siècle.

« N'a-t-il pas en effet mérité ce nom, celui qui chaque jour jetait quinze à vingt mille volumes sur le marché de l'esprit et en faisait rayonner cent mille sur tous les chemins du monde?

« Oh! non, ce n'est point seulement le grand industriel qui depuis quarante ans nous a fait vivre, nous et nos familles; non, ce n'est pas seulement l'homme généreux qui a toujours pris l'initiative de l'amélioration de notre sort que nous pleurons aujourd'hui, c'est aussi le libraire hardi, le libraire de génie dont le livre fut la vie et la pensée.

« Après avoir combattu avec tous les vaillants, ses illustres amis, dans les grandes luttes de l'Idée contre les préjugés, l'ignorance et la routine, il choisit son terrain à lui; son arme fut le livre. Mais pour que le livre soit, il faut que la France sache lire. Il va droit au but, et en même temps que ses glorieux camarades écrivent l'illustre loi de 1833, il crée le livre de l'enfant, il inonde les écoles de millions de volumes écrits par les De la Palme, par les Barrau, par mille autres, qui, en rendant la vue aux aveugles, donnent la santé à l'âme, la noblesse et la virilité au cœur.

« L'œuvre est commencée ; chaque jour maintenant va la voir grandir et se développer. Tous les degrés de l'enseignement, tous les besoins de l'intelligence, toutes les nécessités de la vie nouvelle, tous les beaux caprices de l'imagination trouveront la manne préférée dans le temple élevé au livre par M. Hachette : la Bibliothèque des chemins de fer, les Bibliothèques populaires, encore et toujours le rayonnement du livre.

« Ce n'est pas tout cependant, M. Hachette a rêvé plus pour l'objet de son culte : par nos préjugés encore plus que par la loi, le livre est esclave : M. Hachette, qui l'obligeait à être toujours lumineux sans être jamais incendiaire, voulait briser ses entraves et que le livre fût libre. Après la fortune et la gloire, ce devait être le couronnement de sa vie.

« Mais cette pensée féconde, dont la racine est dans cette tombe, ne mourra point. Défendue, développée par tous les esprits généreux à qui vous en avez donné l'inspiration, elle aura son jour comme toute œuvre juste. Toutes nos industries seront alors décuplées ; le monde des intelligences aura trouvé ce jour-là son flambeau électrique, plus brillant encore que celui du monde physique, et une fois de plus, Monsieur Hachette, nous bénirons votre mémoire, en nous dévouant de cœur et d'âme aux héritiers de votre pensée et de votre nom. »

Que pourrions-nous ajouter à ce qui précède ? A quoi bon raconter maintenant cette carrière si belle et si bien remplie, quand des voix plus autorisées que la nôtre, quand des amis de cinquante années, ont si éloquemment rempli ce pieux devoir ? Tout le monde connaît le prodigieux essor imprimé par M. Hachette à la librairie pendant sa longue et active carrière, les éditions classiques qui ont fait sa popularité et commencé sa fortune, les grandes publications dues à son initiative et qui seront couronnées par le *Lexique français* de M. Littré et par cette belle édition des grands écrivains de la France, véritable monument conçu par lui en l'honneur de notre littérature nationale.

Au milieu de cet immense mouvement d'affaires, il n'oubliait pas ses devoirs envers la société, et il trouvait encore du temps, soit pour rédiger des *Rapports* et des *Mémoires* sur des questions d'assistance publique, de propriété littéraire, de librairie, d'organisation sociale; soit pour remplir des fonctions auxquelles l'avait appelé l'estime de ses concitoyens, et dont il s'acquittait avec tant de distinction, grâce à cette merveilleuse aptitude qui lui permettait d'embrasser avec un égal succès les matières les plus diverses. L'un des fondateurs du Comptoir d'escompte de Paris, ancien membre de la Chambre de commerce et du Conseil de l'assistance publique, il était aussi président du Cercle de la librairie, trésorier de la Société des amis des sciences, président du Conseil d'administration de la papeterie d'Essonne, et il venait de recevoir, dans la présidence de la Société de secours mutuels du quartier de l'Odéon, une marque bien flatteuse de l'estime qu'inspirait son caractère et de la sympathie populaire qui s'attachait à son nom. Mais il est inutile d'insister sur sa vie publique : elle est connue, autant du moins que sa modestie le permettait, et il suffit d'en citer les principales circonstances pour en faire le plus vrai et le meilleur éloge.

Il nous en coûterait pourtant de ne pas revenir sur un des côtés de cette noble personnalité, bien qu'il ait été déjà apprécié par ses vieux amis : nous voulons parler de cette affabilité digne, de cette affectueuse bonté qu'il portait dans tous ses rapports avec ceux qui l'approchaient. Un de ses jeunes amis, qui, absent de Paris, aura la double douleur d'apprendre sa mort et d'être éloigné dans un tel moment, Edmond About, a trouvé, en parlant de sa bienveillance *paternelle*, le seul mot qui pût qualifier cet homme de bien. Et jamais, en effet, nul, sans oublier un instant sa propre dignité, ne porta plus loin le tact, la délicatesse, l'esprit conciliant, le désir d'être utile, le respect des susceptibilités légitimes ; nul, après avoir donné sa confiance à ceux qu'il en jugeait dignes, ne l'abandonna plus entière et plus complète. Un jour, en présence de l'auteur de cet article, il répondait à un jeune homme qui lui demandait un emploi dans sa maison : « Rien n'est vacant, mais il y a toujours une place ici pour les jeunes gens intelligents et laborieux. »

Et il disait vrai, car il était essentiellement bon, et il donnait trop bien lui-même l'exemple du travail pour ne pas estimer chez les autres l'activité qui faisait son bonheur et sa force.

Hélas! c'est précisément cette activité qui l'a perdu; mais quel homme de cœur ne voudrait mourir ainsi? Si tout fils de ses œuvres a le droit de porter haut la tête dans un siècle assez sensé pour respecter l'aristocratie de l'intelligence, la fierté n'est-elle pas deux fois légitime chez celui qui n'est parvenu qu'en faisant le bien? Pendant trente-huit années, M. Hachette a travaillé avec une persévérance opiniâtre à l'émancipation des esprits; il a répandu dans les masses populaires d'innombrables ouvrages utiles, moraux, souvent inspirés par son intelligente initiative. Il méditait plus encore, quand la mort l'a frappé; mais son œuvre, telle qu'elle existe déjà, est trop grande pour ne pas assurer à son nom une juste et durable reconnaissance, trop belle pour ne pas lui survivre et grandir encore dans les mains de ceux auxquels il laisse le soin de la continuer. Si nous pouvons en effet avoir une consolation en terminant, c'est qu'une autre génération, formée à son école, a déjà accepté son héritage de probité, d'honneur, de dévouement au progrès et au bien. C'est noblement honorer la mémoire de certains hommes que de marcher sur leurs traces : ainsi celui que nous pleurons nous sera encore, même après sa mort, un modèle et un guide. Au moment de cette douloureuse séparation, nous ne pouvons que nous reposer dans les éternelles espérances, et répéter, à son exemple, ce mot que l'histoire place dans la bouche de Septime Sévère expirant, et qui résume la vie de notre mort bien-aimé : *Laboremus!*

Victor CHAUVIN.

EXTRAIT DU *JOURNAL DES DÉBATS.*

(3 août.)

Une nombreuse assistance, composée de parents et d'amis, auxquels s'était jointe une foule de personnes appartenant aux professions et aux rangs les plus distingués de la société parisienne, se pressait aujourd'hui dans l'enceinte et aux abords de l'église Saint-Séverin, trop étroite pour la contenir. On y célébrait les obsèques de M. Hachette, libraire-éditeur, mort le 31 juillet dans sa maison de campagne du Plessis-Piquet, après une courte maladie qui n'avait pas fait présager une fin si prématurée et si funeste.

M. Hachette (Louis-Christophe-François) était âgé de soixante-quatre ans. Jusqu'à cette atteinte récente qu'avait subie sa santé, à la suite d'un accident de voyage, il avait conservé toute la fermeté de son esprit dans un corps sain, actif et vigoureux. Il avait toujours été un travailleur infatigable. Dès sa plus tendre enfance, il travaillait ; et nous, qui l'avons eu pour camarade de collége à un âge qui n'est pas celui des résolutions énergiques, nous pouvons lui rendre ce témoignage qu'il était déjà, à dix ans, un écolier excellent, très-raisonnable, très-assidu et très-décidé à la lutte contre les difficultés de la vie.

Pour lui, comme pour tant d'autres, les difficultés étaient grandes. Les fées aristocratiques, celles qui donnent la fortune à qui s'est donné la peine de naître, n'avaient pas souri à son berceau. Mais la mâle éducation qu'on recevait alors dans les colléges de l'Université l'avait mis sur la voie des plus grands succès. Élève de l'École normale, licenciée en 1822, il eût été un professeur éminent. Arrêté court dans cette carrière de l'enseignement qui était celle de son goût, il eut l'idée de s'en ouvrir une autre qui s'en rapprochait sans s'y confondre. Avec quelques fonds qui lui furent alors prêtés, il fonda une librairie classique qui, de 1826 à 1850, par l'excellence et la variété de ses publications, devint un des auxiliaires les plus efficaces que l'instruction publique pût avoir. « Je serai professeur à ma manière, » avait dit M. Hachette : *Sic quoque docebo*[1] ! C'est ainsi en effet qu'il remettait la main à l'enseignement. C'est ainsi que le libraire continuait le professeur.

1. M. Vapereau, dans le *Dictionnaire des Contemporains*, nous apprend que telle était la devise de sa maison.

Nous ne voulons que rendre ici un simple hommage d'amitié à la mémoire de M. Hachette. Un de nos amis se chargera de raconter sa vie. Ce sera justice. Cette vie est de bon exemple. Un mot la résume : le travail. Après avoir établi sa librairie classique sur des bases inébranlables et à l'abri de toute concurrence, on sait l'immense extension que M. Hachette avait donnée à cet esprit d'intelligente et libérale entreprise qui l'inspirait. On sait aussi à quel point son génie industriel était, dans cet ordre de spéculation, original et inventeur. La *Bibliothèque des chemins de fer*, la grande *Collection des Guides* dirigée par l'infatigable M. Joanne, les *Dictionnaires* à spécialité définie, tels que ceux de Bouillet et de Vapereau, combien d'autres entreprises qui témoignent de la diversité féconde de son initiative ! Un autre mérite de M. Hachette, un des plus grands à mes yeux, c'est que, parmi tout cet essor de la production commerciale dans sa maison, le commerçant ne fit jamais tort au lettré ; l'éminent *scholar* dominait l'industriel ; l'homme de goût régnait en maître dans ces vastes magasins où une armée de commis obéissait à son impulsion, et qui ressemblaient aux bureaux d'un grand ministère. C'est l'homme de goût, qui avait acheté, à un prix considérable, le manuscrit original des *Mémoires de Saint-Simon*, et en avait donné une édition modèle. C'est le classique éprouvé, qui avait eu l'idée tout à la fois de publier une édition de luxe, à prix modéré, des *Grands Écrivains* de la France, et d'en confier la direction à M. Adolphe Regnier, membre de l'Institut. C'était aussi une preuve de bon esprit et de bon goût que de fonder, pour la défense des intérêts et des méthodes universitaires, cette *Revue de l'Instruction publique*, qu'on appelait justement « le journal de M. Hachette, » et que d'y réunir tant de rédacteurs distingués, dont quelques-uns sont devenus (nous en savons quelque chose) des publicistes de premier ordre.

En résumant tous ces travaux de la maison dirigée par M. Hachette, on serait tenté d'y chercher la part de son étoile presque autant que celle de son mérite ; car il avait réussi à tout, et la situation supérieure qu'il s'était faite semblait, au premier abord, en disproportion avec les efforts d'un seul homme, si le bonheur ne s'en fût mêlé. En fait, M. Hachette n'a été heureux que dans la mesure de son habileté même ; il a eu l'habileté d'un honnête esprit, d'une pensée bienfaisante et d'un cœur libéral. Les nombreux ouvriers qui, venus des ateliers de typographie de Paris, assistaient aujourd'hui à ses obsèques, prouvaient bien par leur présence qu'il avait obtenu la vraie popularité, celle des hommes vraiment bienfaisants, sans la chercher. Le peuple aime naturellement ceux qui font de bonnes affaires par de bons moyens ; il y trouve toujours plus ou moins sa part. M. Hachette avait été, pendant longtemps, l'unique artisan de sa fortune; et quand plus tard, tout autour de lui, parmi ses collaborateurs et surtout dans sa famille, il trouva tant d'utiles auxiliaires de son action (désormais assurée de lui survivre), le plus difficile était fait. M. Hachette résume dans son nom et dans sa vie la puissance du génie industriel, associé à la culture de l'intelligence et à un travail assidu. C'est par la réunion de ces qualités qu'il a réussi dans une des branches les plus délicates de l'industrie moderne. Ajoutons qu'à la distinction de l'esprit M. Hachette a toujours allié une extrême indépendance de caractère. Il a rempli, dans un intérêt public, plus d'une fonction gratuite. Il apportait dans l'art si difficile de faire le bien, l'autorité et le dévouement. Il a eu des collaborateurs qui sont devenus députés, sénateurs, quelques-uns ministres. Il n'a rien demandé à leur crédit ou à leur puissance : il n'a gardé que leur amitié.

M. Hachette laisse de profonds et douloureux regrets à sa famille. Il a été pleuré par ses amis, par nous tous. Je voudrais dire aussi que dans l'impression du peuple, indifférent d'ordinaire à ces somptueuses obsèques des favoris de la fortune, il était facile de démêler cette fois un sentiment tout contraire. La foule semblait s'intéresser à la mémoire de cet industriel opulent dont l'activité bienfaisante avait fécondé le champ du travail commun. Elle honorait en lui la richesse bien acquise.

CUVILLIER-FLEURY.

EXTRAIT DU *MONITEUR UNIVERSEL*.

(8 août.)

La France vient de perdre un de ses hommes les plus droits, les plus intelligents, les plus laborieux, les plus utiles. Et, pour tout achever, M. Hachette était d'une telle modestie, que je craindrais de l'offenser dans la tombe en disant qu'il a été une des grandes figures de l'industrie moderne.

Nos voisins d'outre-Manche, qui étudient l'économie politique en apprenant à lire, ont une bonne habitude qui finira par se naturaliser chez nous. Au lieu de dénigrer par envie l'honnête parvenu qui crée un capital énorme, ils ne savent comment le remercier du service qu'il a rendu à tous en accroissant par son travail la richesse publique. M. Hachette, né pauvre, chassé de l'École normale par une persécution qui a fait date dans l'histoire, se réfugie à vingt-deux ans dans une petite librairie scolaire ; il assemble autour de lui ses compagnons de disgrâce et les associe à son travail. Grâce à lui, les colléges, fermés à leur personne, sont forcés de s'ouvrir à leurs livres. L'antiquité, si maussade, si rébarbative, j'allais dire si malpropre dans les éditions de 1820, se rajeunit et s'humanise par les soins de ses nouveaux interprètes, et l'on voit, prodige incroyable! des *Virgile* qui ont la vogue et des dictionnaires qui font fureur. Après quelques années, le modeste atelier est devenu une grande fabrique de bons livres; les écoles primaires et les colléges royaux s'y fournissent par approvisionnements; pour correspondre avec sa vaste clientèle, la librairie est obligée de fonder deux ou trois journaux. Enfin, par une dernière évolution, la fabrique devient une manufacture immense, qui publie à la fois les anciens et les modernes, les Français et les étrangers, la littérature sérieuse et la prose légère, des grammaires à quatre sous pour les pauvres écoliers de village, et des éditions de luxe pour les bibliothèques princières : l'alphabet à cinq centimes et le *Don Quichotte* de Gustave Doré. Que ne fabrique-t-on pas dans cette usine plus féconde en lumières que la plus grande usine de gaz! On y fait vingt journaux, dont un seul est tiré à plus de 100 000 exemplaires. La maison, enfermée entre deux rues et deux boulevards, couvre un terrain de 10000 mètres. A voir sortir le peuple d'employés qui y fourmille, vous diriez le ministère de la librairie. Cet immense édifice, au propre comme au figuré, est la création d'un pauvre normalien sans emploi, sans argent, et qui n'avait pas même en lui les deux plus grands ressorts de l'activité humaine : l'ambition et l'avarice.

M. Hachette avait reçu, il y a cinq ou six ans, la décoration de la Légion d'honneur. Ses confrères l'avaient nommé président du Cercle de la librairie; il présidait aussi la Société de secours mutuels de son quartier. Il siégea quelque temps à la Chambre de commerce et au Conseil de l'assistance. Ces fonctions modestes et gratuites résument en quelques mots sa vie publique. Il ne les a point recherchées, il les a acceptées de bonne grâce et exercées avec la conscience et l'activité qu'il portait partout. S'il ne demanda rien de plus aux électeurs ou aux gouvernements de notre pays, ce n'était pas qu'il fût un dédaigneux ou un mécontent. Il avait un excellent fonds d'idées libérales et nulle passion politique. La sérénité de son esprit et la douceur de son caractère lui permettaient de vivre en bonne harmonie avec les honnêtes gens de tous les partis. Les opinions les plus irréconciliables se rencontraient sous son toit sans se heurter : c'était une trêve de Dieu perpétuelle autour de cet homme de bien. Les révolutions, sans l'atteindre, ont abaissé ou élevé ses meilleurs amis; les vainqueurs et les vaincus l'ont toujours trouvé le même.

A le voir dans son parc, entre un vieux professeur disgracié sans ressource et un jeune ministre entouré de la faveur publique, les âmes du commun pouvaient tomber dans une erreur grossière : ce n'était pas au plus puissant des deux que M. Hachette faisait la cour. Il regardait tourner la roue de la fortune, mais pour relever de temps à autre les malheureux qu'elle avait écrasés.

Son orgueil (car enfin la perfection n'est pas de ce monde) consistait à montrer une nombreuse et florissante famille. Entouré de sa femme, de ses enfants et de ses petits-enfants, il avait l'air d'un jeune patriarche, car il ne portait pas son âge, et vous ne lui auriez pas donné plus de cinquante ans. Jamais père ne fut plus aimé, plus respecté, mieux obéi; jamais on n'usa plus délicatement d'une autorité souveraine. C'était par des bontés et des attentions paternelles qu'il retenait toute cette jeunesse autour de lui. L'été dernier, il me montrait les plans d'un bâtiment nouveau qu'il voulait ajouter à son château du Plessis. « La famille grandit, et, s'il plaît à Dieu, elle n'a pas fini de croître ; il nous faut une salle à manger où nous puissions, quoi qu'il advienne, être tous réunis. » Pauvre homme! son bâtiment est fait, et cette belle famille qu'il a aimée, enrichie, honorée par tous les actes de sa vie, s'y rassemblera sans lui.

Le trait le plus saillant et peut-être le moins connu de cette noble existence, c'est la révolution opérée par M. Hachette dans les rapports d'éditeur à auteur.

Vous savez de quel ton de superbe dédain Alceste disait à Oronte :

Et n'allez point quitter, de quoi que l'on vous somme,
Le nom que, dans la cour, vous avez d'honnête homme,
Pour prendre de la main d'un *avide éditeur*
Celui de ridicule et misérable auteur.

L'épithète d'*avide* accolée au nom d'éditeur n'est pas une de ces chevilles dont Fénelon reprochait l'abus à Molière. C'est l'expression d'un sentiment sincère ou plutôt le monument d'un fait exact. On n'a pas oublié le vœu naïf et criminel d'un éditeur du dix-huitième siècle : « Ah! si je tenais Montesquieu, Voltaire et Rousseau, dans une soupente, au pain sec, comme je leur ferais écrire de beaux livres! » Il est trop vrai que les écrivains ont été longtemps exploités par les éditeurs, comme aussi par les comédiens. Tant que l'on a vendu la propriété des pièces et des livres, les hommes de talent ont été dupes. L'éditeur a gagné sur eux ce qu'il perdait par son ignorance en publiant les écrivassiers.

Beaumarchais et notre excellent Scribe ont sauvé la fortune des auteurs dramatiques en imposant aux théâtres le droit proportionnel. Un écrivain ne vend plus sa pièce; il en permet l'exploitation au directeur moyennant un tant pour cent sur la recette.

Aucun des écrivains de notre temps n'aurait eu l'autorité nécessaire pour imposer la même loi à un éditeur comme M. Hachette. C'est lui qui, de plein gré, l'a proposée aux auteurs. Sauf les livres de pacotille dont une édition doit épuiser le succès, M. Hachette ne voulait pas acheter la propriété d'un ouvrage. « Conservez votre bien, disait-il aux auteurs. Votre livre est bon ou mauvais. Lequel des deux? je n'en sais rien; les éditeurs ne savent pas lire. Si je l'achète et qu'il soit bon, je gagnerai sur vous, et vous vous plaindrez d'avoir été dupe; si je l'achète et qu'il soit mauvais, c'est moi qui ferai une sotte affaire. » Les auteurs l'écoutaient, acceptaient le droit proportionnel, conservaient la propriété de leurs livres, et se faisaient des rentes chez lui. Tel dictionnaire qu'un autre eût acheté trente mille francs en se frottant les mains, rapporte à son auteur vingt mille francs de rentes perpétuelles, inscrites sur le grand-livre de la maison Hachette.

Les éditeurs de l'ancienne école avaient la misère et la maladie pour complices : ils souhaitaient la famine aux meilleurs écrivains, pour avoir les bons livres contre un morceau de pain. M. Hachette au contraire nous prêchait l'économie. Il donnait des conseils, il s'enquérait paternellement de nos affaires; il nous répétait que l'épargne assure la paix de l'âme, sans laquelle il n'y a pas de vrai talent.

Voici un petit fait qui vous donnera une idée de sa délicatesse. Un auteur jeune et complétement inconnu se présente chez lui, il y a dix ans, et obtient à force d'importunités la commande d'un petit livre. Ouvrage de pacotille, prix convenu : *huit cents francs* une fois payés. Le jeune homme écrit son livre, le porte en tremblant, et se tient coi. Huit jours après, on lui apporte ses épreuves et on lui dit : « Bien que les éditeurs ne sachent pas lire, nous avons lu votre travail, et nous croyons qu'il aura du succès. Voici les morceaux du traité par lequel vous nous avez vendu la propriété de l'ouvrage. Vous restez propriétaire de votre livre et les *quinze cents francs* que voilà sont le prix de la première édition. »

Le débutant qui entrait par une telle porte dans la carrière des lettres, a voué dès ce jour le plus respectueux attachement à M. Hachette; il lui a porté tous ses livres et les a corrigés souvent par ses conseils. Il se considérait comme le fils ou du moins comme le filleul de celui qui lui avait donné le baptême d'une modeste célébrité, et si je vous disais qu'il a pleuré la mort de cet excellent homme, vous répondriez sans doute qu'il le devait bien.

Edmond About.

Extrait de *LA FRANCE.*

(6 août.)

Mardi dernier, 2 août, l'église Saint-Séverin, située au bas de la rue Saint-Jacques, était remplie d'une assistance immense, qui refluait au dehors et encombrait le quartier environnant. Dix-huit cents personnes étaient réunies aux abords de la vieille église. Tous les rangs de la société étaient représentés dans ce concours immense, depuis les ministres de l'Empereur jusqu'au plus humble des ouvriers manuels. On procédait aux obsèques de l'un des hommes qui ont le plus marqué dans notre pays, par la force de son intelligence, l'importance de ses créations commerciales, le nombre inouï de travailleurs de tout ordre, mais surtout de l'ordre intellectuel, qu'il a enrégimentés et mis en mouvement pendant sa vie.

Le nom de M. Hachette vivra dans l'histoire des lettres françaises. C'est à lui que l'on doit l'immense essor, la diffusion considérable qu'ont reçus les productions de la librairie dans ces vingt dernières années. *Populariser la lecture*, tel était le but constant de ses efforts, et ce but, il l'a atteint, on peut le dire, autant qu'il est possible de le faire dans notre bon pays de France, qui n'a pas précisément la passion de la lecture, ni le fanatisme de la bibliothèque.

Nous avons souvent entendu dire à M. Hachette, qu'il voudrait parvenir à abaisser le prix de fabrication des livres, à ce point qu'il fût permis, après les avoir lus, de les jeter sans s'en inquiéter davantage. Nous sommes en chemin d'en arriver là.

M. Hachette, mort le 31 juillet, au château du Plessis-Piquet, à l'âge de soixante-quatre ans, était né à Réthel (Ardennes). Il entra, après ses études classiques, à l'École normale, et il se destinait à la carrière universitaire, lorsque, en 1822, à la suite de quelques manifestations libérales, l'École normale fut dissoute par le gouvernement de la Restauration. Au moment d'entrer dans les fonctions universitaires promises à leurs efforts et à leurs études, tous ces hommes distingués, parmi lesquels figuraient les Geruzez, les Farcy, etc., se virent forcés de chercher une autre voie. M. Hachette, qui ne pouvait se détacher de ses études universitaires, eut l'idée de s'ouvrir une carrière contiguë, pour ainsi dire, à l'enseignement public. Il fonda une librairie classique. « Je serai professeur à ma manière, » se dit-il : *Sic quoque docebo*, et cet exergue devint la devise de sa maison.

De 1826 à 1850, la librairie classique de M. Hachette prit un développement progressif, et finit par se placer au niveau des maisons du même genre qui étaient, depuis longues années, en possession de la faveur publique. A partir de 1850, M. Hachette donna une extension immense à ses affaires de librairie. Ses publications embrassèrent tous les genres de la littérature ancienne et moderne, la collection de nos grands écrivains nationaux, comme les œuvres variées de la littérature courante. Les sciences prirent place à leur tour dans ses publications. Le matériel d'enseignement scolaire composa une autre branche importante, qui vint se greffer sur le tronc principal.

Ainsi se forma, par une sage progression, grâce à une rare puissance d'organisation administrative, cette librairie sans rivale en France et que l'étranger nous envie.

Nous n'entreprendrons pas d'énumérer les publications et collections sorties de cette immense usine intellectuelle. Ce que nous voulons seulement faire remarquer, c'est que, malgré ce grand essor de production commerciale, le goût et l'érudition ne cessèrent jamais de présider aux œuvres produites. Le commerçant n'avait pas supprimé l'universitaire; l'éditeur n'avait pas effacé le professeur sorti de l'École normale : il s'y était seulement superposé. De là la science et la pureté de goût que l'on remarque dans les publications scolaires de M. Hachette et dans les collections de ses classiques.

M. Hachette était en même temps, et cela ne surprendra personne, un écrivain distingué. On a pu le reconnaître dans ses écrits sur la propriété littéraire, sur les bibliothèques communales, etc. Notons, en passant, qu'il eut la plus grande part à cette grande campagne internationale relative à la reconnaissance du droit de propriété littéraire, et à l'abolition de la contrefaçon étrangère, qui a été un véritable bienfait pour les écrivains de notre pays, et qui assure aujourd'hui à leurs œuvres la juste rémunération qui leur fut pendant longtemps ravie avec tant d'impudence par les contrefacteurs du dehors. C'est au gouvernement actuel, après celui de Louis-Philippe, qu'appartient l'honneur d'avoir réalisé cette grande réforme; mais il ne faut pas oublier que l'initiative en revient à M. Hachette, qui, en 1836, dans la commission présidée par M. Villemain, ministre de l'instruction publique, formula le premier la proposition tendant à reconnaître le principe du droit international de propriété littéraire.

Tous les hommes qui fixent l'attention publique par leur haute capacité ou leur position éminente, sont réclamés pour les nombreuses associations du commerce ou de l'économie sociale qui siégent à Paris. M. Hachette avait été membre du Comptoir d'escompte, de la Chambre de commerce, du Comité de l'assistance publique. Il présidait le *Cercle de la librairie*. Lorsque la société de secours connue sous le nom de *Société des Amis des sciences*, fut organisée par le baron Thénard, M. Hachette accepta les fonctions de trésorier de cette association généreuse, et nous l'avons vu faire passer avant le soin de ses propres affaires les pieux devoirs de cette œuvre de haute charité.

C'est sans doute en raison des services que M. Hachette a rendus à la *Société de secours des Amis des sciences*, que l'illustre président de cette Société, M. le maréchal Vaillant, assistait à ses obsèques, à côté de M. Duruy, le ministre actuel de l'instruction publique, lié avec le célèbre éditeur par un long commerce d'études et de travaux communs.

M. Hachette est mort des suites d'une congestion cérébrale, la véritable maladie de notre siècle, qui vit trop par le cerveau, et succombe par le cerveau. Sa perte sera vivement sentie par tous les amis des lettres; par cette phalange de littérateurs, qui lui doivent en partie leur renommée; par cette armée d'ouvriers de la branche infiniment ramifiée de la typographie et de ses accessoires; par les nombreux amis qu'il avait su conserver ou acquérir pendant une vie de quarante ans de travaux assidus, remplie d'œuvres belles et utiles, enfin par cette grande et noble famille qui, depuis longtemps, le secondait avec tant d'intelligence, et qui, sous l'égide de son souvenir et de sa tradition, continue maintenant son œuvre.

Louis FIGUIER.

EXTRAIT DE *L'OPINION NATIONALE.*

(2 août.)

M. Hachette, libraire à Paris, est mort le 31 juillet, à l'âge de soixante-quatre ans. Ancien élève de l'École normale, il fut frappé par le licenciement de septembre 1822. En 1826, il fonda sa librairie classique, avec cette devise : *Sic quoque docebo*, et en 1850, il y joignit une librairie littéraire et scientifique.

Comme éditeur, M. Hachette a rendu de grands services aux lettres. Parmi les écrivains contemporains, il en est peu qui n'aient eu avec lui des relations d'intelligence et d'affaires, et il n'en est aucun qui ne se soit toujours hautement loué de sa parfaite bonne grâce et de son esprit éclairé et ouvert à toutes les idées neuves et fécondes.

M. Hachette a porté son activité dans toutes les branches de l'économie sociale, aussi bien que de l'éducation.

Il avait été membre du Comptoir d'escompte, de la Chambre de commerce de Paris et du Comité de l'assistance publique. Il prit, dès 1836, dans la commission présidée par M. Villemain, l'initiative d'une proposition tendant à reconnaître le principe du droit international de propriété littéraire.

Il s'est également montré vivement préoccupé de

l'importance de l'éducation populaire dans un pays de suffrage universel, et l'on sait la part qu'il a prise à la fondation des bibliothèques communales.

M. Hachette est mort fidèle aux idées libérales de sa jeunesse.

Sa perte sera vivement sentie par tous les amis des lettres, par tous les esprits indépendants, par tous ceux qui savent honorer une vie de soixante années remplie d'œuvres utiles et honnêtes.

J. Labbé.

Extrait de *L'OPINION NATIONALE*.

(3 août.)

Les obsèques de M. Hachette ont eu lieu au milieu d'un concours immense de personnes venues pour rendre un dernier hommage à l'une des gloires du pays.

Ce matin, un fourgon de la Compagnie générale des pompes funèbres se rendait au château du Plessis-Piquet pour y prendre les restes mortels de M. Hachette; à midi moins quelques minutes, le fourgon s'arrêtait devant la porte principale de l'église Saint-Séverin : le cercueil, porté sur des brancards, fut ensuite placé dans le chœur sur un catafalque préparé à cet effet.

Déjà l'église était remplie de monde, et un grand nombre de personnes ont dû rester dans les rues adjacentes, ne pouvant trouver place à l'intérieur. Tout ce que Paris renferme d'illustrations dans les arts, dans les lettres, dans la presse, dans l'industrie ; des sénateurs, des députés, des magistrats, des membres de l'administration, s'étaient rendus à cette triste cérémonie.

L'église Saint-Séverin était entièrement tendue de noir, et des lustres garnis d'une quantité immense de bougies étaient appendus à la voûte et aux arcades.

A une heure et demie, le service était terminé, et le cercueil était placé sur un riche catafalque lamé d'argent, avec les écussons aux initiales du défunt.

Le cortége s'est mis en marche.

Le deuil était conduit par M. Georges Hachette, son plus jeune fils, par ses deux gendres, MM. Templier et Bréton, et son petit-fils, M. Antoine Bréton. L'aîné de ses fils, M. Alfred Hachette, est en ce moment dans les Pyrénées pour y rétablir sa santé.

La dépouille mortelle du défunt a été conduite au cimetière de Montparnasse et déposée dans un caveau de famille.

A. Malespine.

Extrait de *LA PRESSE.*

(2 août.)

M. Hachette est mort hier dimanche, à six heures du soir. Il a succombé à une maladie qui le retenait au lit depuis cinq semaines, et qui, dès le principe, avait inspiré des inquiétudes graves à sa famille.

M. Hachette était né à Réthel (Ardennes), le 5 mai 1800. Il se destina à l'enseignement, et entra, en 1819, à l'École normale. Éloigné brusquement de la carrière de l'enseignement par le licenciement de cette école, survenu au mois de septembre 1822, il s'occupa de l'étude du droit, et, après quelques années, crut pouvoir se rattacher à l'instruction publique en fondant une librairie classique. De 1826 à 1860, les publications littéraires et scientifiques sorties de cette librairie se sont répandues dans tous les établissements publics et particuliers de France et de l'étranger. En 1839, il joignit à sa librairie classique une grande librairie littéraire et scientifique. Outre le journal d'enseignement, la *Revue de l'instruction publique*, M. Hachette a fondé plusieurs collections justement réputées : la *Bibliothèque des chemins de fer*, la *Collection des guides itinéraires*, la *Bibliothèque rose* pour les enfants, etc. Il a fondé aussi, avec M. Lahure, le *Journal pour tous*, la *Collection des principaux écrivains français*, la *Bibliothèque des meilleurs romans étrangers*, etc. Au milieu de cet immense mouvement de publications et d'affaires, M. Hachette a pu encore se livrer à des travaux d'un autre ordre. Membre du Comptoir d'escompte, de la Chambre de commerce de Paris et du Conseil de l'assistance publique, il a rédigé et publié plusieurs *Rapports* et des *Mémoires* sur les questions d'assistance et d'organisation sociale. En somme, peu de vies ont été mieux remplies et consacrées à des travaux plus élevés et plus utiles.

VERMOREL.

EXTRAIT DU *JOURNAL GÉNÉRAL DE L'IMPRIMERIE ET DE LA LIBRAIRIE.*

(6 août.)

M. Louis Hachette, libraire-éditeur, chevalier de la Légion d'honneur, *Président du Cercle de la Librairie, de l'Imprimerie et de la Papeterie*, président de la Société de secours mutuels du quartier de l'Odéon, ancien membre de la Chambre de commerce de Paris et du Conseil de l'assistance publique, est mort le 31 juillet au château du Plessis-Piquet, dans sa soixante-cinquième année.

Ses obsèques ont eu lieu le 2 août en l'église Saint-

Séverin, au milieu d'une immense assemblée. On remarquait parmi les assistants S. Exc. M. le maréchal Vaillant, ministre de la maison de l'Empereur, S. Exc. M. Duruy, ministre de l'instruction publique, plusieurs membres de l'Institut et un grand nombre de littérateurs et de notabilités.

Il y a quelques mois, lorsque M. Louis Hachette a accepté la présidence de notre Cercle, il était plein de santé, de force et d'énergie. Tout lui présageait encore d'heureuses années pendant lesquelles, entouré de ses associés et successeurs qui forment une seule famille, il aurait joui du fruit de ses travaux et de la haute position qu'il s'était acquise.

Nous l'avons vu récemment organiser et présider avec sollicitude les comités qu'il avait créés pour représenter les intérêts des diverses branches de nos industries. Son activité persuasive se communiquait à ses collaborateurs.

A son retour d'Algérie, où il était allé passer quelques semaines, il éprouva les premières atteintes d'un mal qui devait l'enlever si inopinément à toutes ses affections.

Cette perte sera ressentie non-seulement par ses amis, mais par les littérateurs dont il propageait les œuvres, par les correspondants dont son initiative avait multiplié les affaires, et, nous le disons en toute assurance, par ses concurrents eux-mêmes.

Une voix plus autorisée racontera sans doute par quels efforts d'intelligence et de volonté M. Louis Hachette, avec de faibles ressources, a su fonder, agrandir et élever à ce degré de prospérité un des établissements les plus importants de l'Europe.

Nous avons voulu du moins rendre ce premier hommage à la mémoire du digne Président de notre Cercle, de l'éminent confrère dont nous avons éprouvé en toute occasion la loyauté et la bienveillance.

Jules TARDIEU.

EXTRAIT DU *JOURNAL GÉNÉRAL DE L'INSTRUCTION PUBLIQUE.*

(3 août.)

M. Louis Hachette est mort dimanche 31 juillet, à la suite d'une maladie qui, dès le premier moment, s'était annoncée avec les plus graves symptômes. Des regrets unanimes et vivement sentis ont accueilli dans la presse entière la nouvelle de cette mort, et la rédaction du *Journal général* s'associe au deuil produit par ce coup imprévu.

Élève de l'École normale lors de son licenciement en 1822, M. Hachette mit à profit les connaissances spéciales qu'il avait puisées dans de fortes études pour donner ses soins à sa librairie classique. Il prit pour devise : *Sic quoque docebo*, et, depuis ce moment, il n'a cessé, par son infatigable activité et son mérite hors ligne, de développer l'importante maison qui est devenue l'une des plus considérables de l'Europe. En 1850, M. Hachette donna un nouvel essor à ses affaires en éditant des livres de science et de littérature, et le nombre des publications auxquelles il a attaché son nom lui assigne un rang éminent et un nom durable dans l'une des professions libérales les plus importantes et les plus considérées de notre pays. L'un de nos confrères de la presse l'a dit avec raison : « Parmi les écrivains contemporains, il en est peu qui n'aient eu avec lui des relations d'intelligence et d'affaires, et tous garderont de ces relations les meilleurs souvenirs. » Les luttes de la vie peuvent placer les hommes sur des terrains divers; mais ce qui domine toujours au milieu de ces luttes, c'est le juste sentiment des qualités de chacun, l'appréciation impartiale des services, l'estime de la personne et du caractère, et, pour notre part, nous nous empressons de rendre ici, avec l'expression des regrets les plus sincères, le plus parfait hommage à la mémoire de M. Louis Hachette.

Charles Louandre.

Extrait de l'*ÉCONOMISTE FRANÇAIS.*

(4 août.)

Au moment où l'un de nos collaborateurs rendait hommage, dans le dernier numéro de l'*Économiste*, aux publications populaires de la maison Hachette, le chef de cette maison terminait, à l'âge de soixante-quatre ans, une carrière commencée dans les épreuves d'une condition modeste, continuée pendant plus de quarante ans dans un labeur infatigable, et parvenue enfin à l'apogée de la fortune et de la considération, sans dégénérer en repos. Nous devons laisser à d'autres l'éloge de l'éditeur lettré qui se souvint toujours d'avoir été l'un des élèves distingués de l'École normale, du loyal négociant porté par le suffrage de ses pairs à la Chambre de commerce de Paris, et à la présidence du Cercle de la librairie, de l'habile et heureux industriel commerçant qui avait fondé l'établissement de librairie et d'imprimerie le plus vaste peut-être du monde; mais il convient à notre spécialité de signaler particulièrement dans M. Hachette un goût très-prononcé — et si rare parmi les éditeurs français! — pour l'Algérie et les colonies.

De très-bonne heure, et quand la France se doutait à peine de la valeur de sa conquête, il fonda une librairie algérienne à Paris, avec une succursale en

Afrique ; il édita de nombreux ouvrages sur ce pays, et entre autres un Atlas (dont le texte est rédigé par MM. Warnier et Carette, les cartes gravées par M. Bouffard), qui est resté classique. Plus tard, sous le ministère du prince Napoléon, il fonda la *France maritime et coloniale*, journal hebdomadaire, où il avait réuni, sous sa direction toujours active et bienveillante, la plupart des écrivains adonnés à cet ordre d'études. En toute occasion, ses regards s'étendaient sur le monde colonial, et volontiers il appuyait de son concours généreux les œuvres qui s'y rapportaient. Ses pensées, comme ses affaires, rayonnaient au delà, dans les pays les plus lointains, surtout en Amérique, et le *Tour du Monde* est sorti de ses préoccupations de propagande géographique, qu'il jugeait aussi nécessaire à l'extension du commerce français qu'à la dignité de l'éducation nationale.

Par un dernier trait de caractère, qui mérite d'être signalé, M. Hachette envisageait les professions industrielles et commerciales, à la façon anglaise, comme devant devenir le patrimoine des familles riches, durant une longue suite de générations. Animé de cette pensée, il ne songea jamais à la retraite pour lui-même, ni à la jouissance oisive pour les siens. Aussi l'une des consolations les plus propres à adoucir ses regrets de quitter la vie, dans un âge qui lui promettait encore de longs jours, a-t-elle dû être la certitude de voir son œuvre consolidée et développée par ses deux fils et ses deux gendres, qui, après avoir été de son vivant ses intelligents coopérateurs, se feront honneur d'être ses fidèles continuateurs.

Le nombreux et imposant cortége qui a accompagné les funérailles de M. Hachette a montré ce que, dans une laborieuse carrière, on peut conquérir d'estime, de sympathies et de regrets, surtout quand une grande fortune, honorablement acquise, y ajoute ses récompenses.

Jules Duval.

Extrait du *COSMOS.*

(4 août.

Nous assistions mardi dernier au convoi funèbre d'un homme dont la popularité immense est due à l'influence qu'il a exercée pendant quarante ans sur la propagation des œuvres de l'esprit.

M. Hachette est né à Réthel (Ardennes), en 1800. A dix-neuf ans, il entra à l'École normale, d'où il sortit en 1822, lors du licenciement de cette école. Les commencements de sa haute fortune furent bien modestes; il débuta dans la carrière industrielle, n'ayant pour base d'opérations qu'un seul ouvrage, le *Traité de versification latine*, de M. Quicherat, son condisciple.

M. Hachette est l'homme qui a le plus fait pour la librairie classique ; il a fait preuve, dans cette branche de l'enseignement, d'une habileté et de capacités hors ligne. Son activité infatigable a embrassé en outre la publication des œuvres littéraires de tout genre. Ses titres à la célébrité sont trop nombreux et trop connus pour qu'il soit utile de les énumérer.

Il est mort à l'âge de soixante-quatre ans, laissant une œuvre immense assise sur les bases les plus solides ; il eut du moins la consolation de la confier entre les mains de ses fils et de ses gendres, qui, instruits aux bonnes traditions, continueront à faire de cet établissement la première librairie du monde.

M. Hachette a été accompagné à sa dernière demeure par tout ce que la capitale a de notable en tous genres. Nous avons vu des larmes rouler dans les yeux de quelques-uns de ses contemporains et anciens collègues. Le deuil était conduit par M. Georges Hachette, fils du défunt, et par ses gendres, MM. Templier et Bréton. Au moment où la tombe allait se fermer, plusieurs discours ont été prononcés ; M. Lesieur a loué l'homme plutôt que l'industriel ; il a vivement ému l'auditoire en faisant un tableau des vertus domestiques de M. Hachette. M. L. Quicherat à son tour, dans une allocution pleine d'une solennelle gravité, a exalté l'homme public, l'homme qui a su rendre des services à l'humanité.

Nous avons constaté avec regret qu'aucun des corps savants, à la gloire desquels le nom de Hachette est nécessairement lié par cette chaîne qui unit celui qui conçoit une grande idée avec celui qui la propage, nous avons constaté, disons-nous, avec un pénible sentiment qu'aucune académie, aucune école spéciale n'était représentée officiellement aux obsèques d'un homme à qui toutes doivent une part de leur popularité.

Camille SCHNAITER.

EXTRAIT DU *JOURNAL DE CHARTRES.*

(4 août.)

La librairie parisienne vient de faire une grande perte. M. Hachette, dont le nom est si connu de tous et particulièrement de la génération qui depuis plus de trente ans étudie dans nos colléges et dans les plus humbles écoles de nos villages, est décédé le 31 juillet à l'âge de soixante-quatre ans.

M. Hachette a été l'artisan de sa position. S'il a pu la faire grande, honorable, c'est que chez lui la loyauté la plus stricte présidait à toutes ses actions. Doué d'une intelligence et d'une activité peu communes, il a constamment été l'âme de sa maison, devenue l'un des premiers établissements de l'Europe.

Ses correspondants anciens et nouveaux, et ils sont nombreux, ne pourront que déplorer une mort aussi prématurée et donner un souvenir à l'homme qui a su, par ses bienveillants rapports, se créer des amis de tous ceux qui ont pu le connaître et l'apprécier.

Le pays tout entier s'associera aux regrets qu'excite la perte de cet homme de bien ; car, ainsi qu'on l'a dit ailleurs, M. Hachette était une des gloires de la France.

M. Hachette laisse deux fils, et deux gendres, MM. Templier et Bréton, qui, depuis plusieurs années, ont été pour lui d'utiles auxiliaires. Ils sauront continuer, nous n'en doutons pas, les bonnes et saines traditions laissées par celui qui sera pour eux l'objet d'éternels regrets.

GARNIER.

EXTRAIT DE *L'UNION DES DEUX VILLES*

(SAINT-MALO ET SAINT-SERVAN).

(3 août.)

La librairie française vient de perdre l'un de ses plus illustres représentants. M. Hachette est mort dimanche, à cinq heures du soir, dans sa soixante-quatrième année, au bout de cinq semaines de maladie. Il serait difficile de dire ce que les écrivains, l'enseignement public, la presse et la librairie en général doivent à cet homme éminent, instruit, laborieux, dévoué à la science, aux lettres, à son pays. Ce n'est pas trop dire, car, sous son inspiration, la maison qu'il a fondée a doté, et souvent gratuitement, nos bibliothèques et nos écoles d'ouvrages d'un grand prix et d'un solide mérite. Les directeurs de journaux aussi ont toujours eu à se féliciter de leurs rapports avec le chef honorable et si distingué du premier établissement de la librairie parisienne. Nous nous associons de tout notre cœur au deuil profond qui frappe en ce moment la famille Hachette.

B. Robidou.

Extrait du *MONITEUR DU CALVADOS.*

(4 août.)

Une mort, de tous points regrettable, vient d'attrister la société parisienne. M. Hachette, le fondateur et le chef aimé et respecté d'une des plus honorables et des plus considérables maisons de librairie du monde entier, vient d'être enlevé, après une courte mais douloureuse affection cérébrale, à l'amour d'une famille patriarcalement unie, à l'estime de tous ceux qui le connaissaient, et à la direction des affaires les plus importantes, les plus vastes et les plus étendues.

Capacité industrielle de premier ordre, organisateur profondément habile, apte à toutes choses, et à celle qu'il faisait plus qu'à aucune autre, centre d'intérêts nombreux et divers, M. Hachette apportait dans toutes les transactions de la vie un instinct du juste, du vrai et du grand qu'il n'eût pas été possible de méconnaître.

Son immense maison, fortement assise, sur des bases désormais inébranlables, avait noué des relations solides avec les points les plus éloignés du globe. Ses livres et nos noms allaient partout avec lui. Le souci de ses intérêts ne lui fit jamais oublier ceux des autres. Pénétré du sentiment de la dignité des lettres, il était pour les écrivains plein de grâce et de courtoisie ; quand sa main loyale avait serré la vôtre, vous passiez vite au rang des amis, et vous en aviez promptement acquis tous les priviléges. Le nombre est grand de ceux qu'il obligea : beaucoup s'en souviendront.

La maison Hachette continuera de porter le nom de son illustre fondateur ; elle continuera aussi de s'inspirer de ses sentiments et de suivre ses traditions. Elle est aujourd'hui représentée par deux fils, jeunes encore, et par deux gendres dans la force de l'âge, rompus aux affaires, et dont tout ce qui tient une plume, à Paris, apprécie la droiture et la loyauté. Avec de tels hommes, les entreprises les plus considérables se poursuivent comme elles ont été commencées, et les maisons se continuent sans se transformer. Il n'y a de vides que dans les affections ; mais ceux-là ne se comblent point.

Louis Énault.

Extrait de *L'EUROPE.*

(Journal français de Francfort.)

(7 août.)

C'est il y a deux jours qu'ont eu lieu les obsèques de M. Hachette.

M. Hachette n'était pas un éditeur ordinaire, c'est-à-dire un homme qui, entre les auteurs et le public, exploite l'un et l'autre et vend des livres. C'était un esprit distingué, qui portait des idées de progrès moral et social dans son industrie et qui s'appliquait à les faire prévaloir. Il avait le sens droit et les manières obligeantes. Il était devenu riche, et sa fortune (ce qui est un rare avantage) avait des amis dévoués, et tout juste ce qu'il faut d'envieux pour qu'on soit apprécié à sa valeur. Cette fortune d'ailleurs était employée avec intelligence, avec bonté même, et l'affluence d'éditeurs, de libraires, d'ouvriers et de gens de lettres qui encombraient l'église de Saint-Séverin, formait une masse imposante de témoignages glorieux et de suffrages. M. Hachette est regretté de tous ceux qui l'ont connu, et il a été connu de tout le monde! Voilà sa meilleure oraison funèbre.

Octave LACROIX.

EXTRAIT DE *L'INDÉPENDANCE BELGE.*

(6 août.)

Si l'honorable M. Hachette, qui vient de mourir après une carrière laborieuse, au lieu de vendre des livres et de participer à l'échange des idées, avait été un industriel en denrées coloniales, ou un banquier, ou un sénateur, croit-on, toute question de probité à part, qu'il eût eu autant de monde à son convoi, et que tout le Paris des lettres, tout le dictionnaire des contemporains se fût fait un devoir de lui rendre les derniers honneurs?

Évidemment non. Je veux conclure de cette remarque qu'il y a, non pas un privilége, mais une gloire au-dessus de toutes les autres gloires dans le commerce des produits de l'intelligence, et que la conscience d'un pays, si altérée qu'elle soit, n'est jamais ingrate envers les agents du progrès.

Ce n'étaient pas les millions de M. Hachette que l'on regardait passer sur ce corbillard si simple dans son luxe; ce n'était pas seulement l'intégrité d'un commerçant estimé; ce n'était pas uniquement le travail, l'activité; c'était la dépouille d'un artisan de lumière, du collaborateur de tous les savants, de tous les historiens, de tous les poëtes, de tous les romanciers de ce temps-ci. On sentait que ce millionnaire participait, au nom des services rendus, à la reconnaissance que chacun doit à celui qui a travaillé pour tous. Et, en vérité, tout en étant fier pour la famille ainsi honorée dans la mémoire de son chef, j'étais fier aussi pour nous, pauvres fabricants, dont le labeur donne un pareil prestige aux autres!

J'avoue encore que ma fibre bourgeoise est vivement caressée toutes les fois que le deuil d'un bourgeois devient une sorte de deuil public. Parmi les convois les plus nombreux, les plus tristes, les plus imposants que j'aie eu la douleur de suivre avant celui de M. Hachette, j'avais compté déjà, il y a dix mois, celui de M. Vavin, l'ancien député de Paris, l'ancien notaire. On a beau se désintéresser des livres, des libertés parlementaires, quand un simple bourgeois qui a vendu honnêtement des livres ou qui a gravi avec indépendance et loyauté les marches de l'antique tribune, aujourd'hui démolie, vient à mourir, Paris s'émeut, et un long cortége accompagne le représentant de ce qu'il y a de plus noble en ce bas monde : l'idée!

Je ne souhaite aucun mal à l'héritier discuté du beau nom de Montmorency : parce que l'on conteste à M. de Talleyrand le droit d'ajouter ce fleuron à sa couronne, je ne demande pas qu'il périsse; mais supposons qu'aujourd'hui ce duc ou ce demi-duc de Montmorency aille rejoindre ses aïeux, est-ce que Paris rendra au dernier représentant des premiers barons chrétiens la moitié des honneurs qu'il rend au libraire ou au député par qui la bourgeoisie s'affirme et la démocratie s'augmente?

PHARÈS.

EXTRAIT DE LA *NOUVELLE REVUE DE PARIS.*

(15 août.)

Ce n'est pas moi qui puis parler dignement de M. Hachette. Je n'ai connu que par le beau renom de son opulence légitime et l'odeur irréprochable de ses vastes et toujours saines opérations de librairie, ce fondateur d'une maison puissante comme un ministère, peuplée comme une province. Il n'a laissé, à des degrés divers, que des amis, à ma connaissance, parmi les hommes de lettres qui ont traité avec lui, et ceux-ci se disputeront justement l'honneur de rendre hommage à cette tombe. Si Balzac avait vécu plus longtemps, il semble que sa mortelle défiance à l'endroit des éditeurs se fût apaisée, car il aurait connu M. Hachette.

H. de Pène.

Extrait de l'*Artiste*.

(15 août.)

M. Hachette est mort en emportant les regrets des vieux et des jeunes. La littérature et les littérateurs ont perdu un de leurs meilleurs amis.

C'est dans son immense librairie universelle, peu de temps après sa création, que les *nouveaux* ont refait les éditions des *anciens*, au grand profit de tous.

Élève de cette École normale qui a été décriée parfois à tort et parfois à raison, M. Hachette ne perdit jamais de vue la cause de l'instruction publique, et il employa pour la servir le plus grand établissement de librairie.

Cet établissement, qui semble aujourd'hui tout un ministère, date de 1826, au temps où M. Cousin travaillait à la philosophie pour être ministre. Ce fut d'abord une librairie purement classique; M. Hachette y joignit une librairie scientifique et littéraire en 1850, quand l'Université fut devenue reine absolue, et que la Sorbonne avait perdu ses grands orateurs.

Mais une foule d'écrivains devaient naître de toutes ces idées vives ou à demi mortes qui donnaient un cachet si personnel à la France. Jalousée par l'Allemagne, et ne se souvenant guère de Kant et d'Hegel, méprisant l'Angleterre à l'exception de Shakspeare et de Byron, la France écrivait plus de livres qu'elle n'avait d'idées; mais elle se disait, cette nouvelle France, qu'elle avait mieux qu'Hegel et que Kant, mieux que tous les philosophes allemands et tous les philosophes écossais, dans la personne de ses poëtes et de ses romanciers, je n'ose pas dire de ses philosophes. Mais tout le livre d'un philosophe vaut-il une *méditation* de Lamartine, une *ode* d'Hugo, une *élégie* ou un *conte* de Musset?

Un tel mouvement littéraire n'échappa pas à M. Hachette, et il ouvrit de multiples séries d'éditions. Il se fit une affaire de toutes les publications, et il fit l'affaire de toutes en même temps. C'est un de ceux-là mêmes qu'il a élevés dans la fortune, et qui lui avait proposé son talent, qui a dit hier, sur la tombe de son parrain, que M. Hachette était une des grandes figures de l'industrie moderne. Nous aimons à retrouver le sentiment de la reconnaissance dans les paroles émues de M. Edmond About. Un homme de bien est toujours digne d'être regretté publiquement par un homme d'esprit.

Léon Chardin.

Extrait du *MÉNESTREL*.

(7 août.)

Un grand deuil a frappé, cette semaine, le monde littéraire et artistique, en la personne de M. Hachette, ce grand éditeur, qui ne dédaignait pas les livres d'art, et qui a su leur donner une importance inconnue jusqu'à lui. C'est à son initiative intelligente, osée autant qu'éclairée, que nous devons, entre autres grands ouvrages, les magnifiques volumes illustrés par Gustave Doré, et qui resteront de véritables monuments à la mémoire de M. Hachette.

Une foule considérable assistait à ses obsèques. On y remarquait plusieurs hauts fonctionnaires du ministère de l'instruction publique, un grand nombre de gens de lettres, d'artistes et de savants, et les principales notabilités du commerce de la librairie.

Le deuil était conduit par M. Georges Hachette, fils du défunt, et MM. Templier et Bréton, ses deux gendres. Après la cérémonie funèbre, le corps a été conduit au cimetière Montparnasse.

EXTRAIT DE LA SEANCE DU CONSEIL MUNICIPAL DE RETHEL.

(5 août.)

Un membre annonce au Conseil la mort récente de M. L. Hachette, libraire-éditeur à Paris, ancien élève de l'École normale.

Il rappelle que M. Hachette est né à Réthel en mai 1800 ; que les journaux de la capitale ont fait un éloge brillant des qualités qui distinguaient son esprit ; que l'un d'eux l'a appelé : *une des gloires du pays.*

Le même membre ajoute que M. Hachette était non moins recommandable par les qualités du cœur ; qu'ainsi la mort vient d'enlever un des plus dignes enfants de la cité.

Sur quoi, le Conseil, s'associant à la pensée de l'exposant, et tout en regrettant que M. Hachette n'ait pas conservé avec sa ville natale de plus nombreuses et de plus intimes relations,

Déplore sa mort prématurée,

Dit que le procès-verbal contiendra l'expression de ses sentiments, et qu'il mentionnera ses douloureuses sympathies pour sa famille.

EXTRAIT DE LA SÉANCE DU CONSEIL D'ADMINISTRATION DU CERCLE DE LA LIBRAIRIE, DE L'IMPRIMERIE, DE LA PAPETERIE, ETC.

(31 août.)

Composition du bureau pour 1864 : président : M. Hachette; vice-présidents : MM. Laboulaye et Paul Firmin-Didot; secrétaire : M. Pagnerre; trésorier : M. Prioux; conseillers : MM. Basset, Bourdier, G. Bossange, Gratiot, Jung-Treuttel, Lorilleux, Méja, Pillet, Reinwald et Villemont.

M. Laboulaye, vice-président, s'est exprimé ainsi :

En ouvrant la Séance, mon premier devoir est de vous proposer d'insérer en tête de notre Procès-verbal l'expression de nos regrets pour la perte douloureuse que nous avons faite depuis notre dernière réunion, de notre Président, M. Hachette. Chacun de nous, individuellement, a été très-péniblement impressionné en apprenant la mort de notre éminent confrère. Mais ici c'est comme membres du Conseil d'administration du Cercle de la Librairie que nous avons à exprimer nos vifs regrets d'être privés d'un Président qui par son esprit d'initiative, son expérience des affaires et des hommes devait contribuer au succès de notre Société. Il est pénible de renoncer aux espérances que nous avions dû concevoir en le voyant apporter tant de zèle à la direction de nos affaires; accomplissons notre devoir en rendant hommage au dévouement et à la haute intelligence de notre regretté Président, et consignons dans nos archives l'expression de notre reconnaissance.

Je pense qu'il serait convenable de faire connaître à la famille de M. Hachette ces témoignages de notre sympathie.

La proposition est adoptée à l'unanimité.

PARIS. — IMPRIMERIE GÉNÉRALE DE CH. LAHURE
rue de Fleurus, 9.

www.ingramcontent.com/pod-product-compliance
Ingram Content Group UK Ltd.
Pitfield, Milton Keynes, MK11 3LW, UK
UKHW021224230726
13926UKWH00003B/1226